나는 왜 나를
사랑하지
못하는 걸까

나는 왜 나를 사랑하지 못하는 걸까

상처받은 나를
사랑하고 존중하는 법

박미라
지음

나무를심는사람들

당신은 사랑할 수 있습니다

"나 자신을 사랑하라고 하는데, 도대체 뭘 어떻게 하라는 거죠?"

여기저기 대중매체에서, 치유 프로그램에서 나를 사랑해야 한다고 저마다 외칩니다. 더 이상 참지 말아라, 성공해라, 자신을 가꾸고 맛있는 음식을 즐기고 멀리 여행을 떠나라며 욕구를 자극하는가 하면, 정말 좋아하는 일을 해라, 가슴 뛰는 삶을 살라며 감성을 건드리기도 합니다. 또 삶이 주는 행복으로 시선을 돌리라며 긍정성을 촉구하기도 합니다. 요즘엔 감사일기 쓰기, 자기사랑 주문 외우기 등의 실천법이 인기를 끌고 있습니다.

도대체 자신을 사랑한다는 게 뭘까요? 위에서 말한 방식대로 하면 누구나 자신을 사랑하게 될까요? 오랜 시간 치유하는 글쓰기 워크숍을 진행하고 상담을 이어 오면서 저는 수많은 사람들의 사연을 접할 수 있었습니다. 그 과정에서 사람들에게 자기를 사랑하는 세 가지 태도가 있다는 사실을 알게 되었습니다.

첫 번째는 인생을 가능한 한 긍정적으로 이해하려고 애쓰는 모습입니다. 늘 자신을 격려하고 밝고 긍정적인 측면을 보려고 하며, 즐겁거나 고양된 기분을 좋아합니다. 인생이 언제나 잘 풀려 나가고 있다고 믿고 싶어 합니다. 이런 분들은 삶의 고통이나 그림자, 심리적인 문제 등에 대해 이야기하는 걸 극도로 싫어합니다. 깊은 공허감과 불안이 내면에서 자꾸 차올라 당황스러운데도 말입니다.

두 번째는 자신을 부단히 단련시키는 게 자기사랑이라고 믿는 태도입니다. 성공하기 어려운 목표를 세운 뒤 자신의 욕구를 억누르고, 자신을 냉정하게 평가하며 끊임없이 스스로를 채찍질합니다. "정말 열심히 사시네요"라고 칭찬하면 "아니요. 아직도 부족한 게 많은걸요" 쿨하게 대답합니다. 이런 분들은 자기도 모르는 사이 자꾸 벼랑 끝으로 자신을 내몰기 때문에 만성적인 긴장감에 시달립니다.

마지막으로 자신은 사랑받을 자격이 아예 없다고 생각하는 태도입니다. 많은 노력에도 불구하고 달라지는 게 없을 때, 그래서 자신에게 크게 실망한 사람들은 아주 냉소적이고 단호해집니다. "나는 게으르고 비겁하고 못난 사람이에요. 잘하는 건 하나도 없어요"라고 말하는 사람들은 자신의 부정적인 측면을 수십 가지라도 나열할 수 있습니다. 물론 살면서 가장 미운 사람도 자기 자신입니다. 어쩌면 가장 사랑하는 사람을 가장 미워하게 되는 이치와 같습니다.

여러분은 어떤 경우에 속하시나요? 어떤 태도를 보이든 모두 행복해지고 싶어서 애쓰고 있는 것은 분명합니다. 진정으로 자신을 사랑하지 않는 사람은 없을 테니까요. 그러나 방법이 잘못되었거나 방향을 알지 못해 고통스러워하는 분들은 참 많은 것 같습니다. 평소엔 자신에게 너그럽던 사람들도 급박한 순간에는 순식간에 죄책감에 사로잡히고 자기비난에 빠져듭니다. 그런데 자신을 무가치하게 생각할 때마다 당신의 가슴은 날카로운 창에 찔리는 아픔을 겪게 됩니다. 당신이 주눅 들고 우울하고 무기력한 진짜 이유는 자기비난 때문입니다. 타인이 만든 상처보다 내가 만든 상처와 흉터가 더 깊고 아프니까요.

'사랑'이라는 말은 종종 '에로스'로 번역됩니다. 에로스는 본질적으로 '연결'의 의미를 갖고 있습니다. 그렇다면 자기사랑은 자신과 연결되는 것입니다. 우리가 누군가와 관계 맺고자 할 때, 진정으로 연결되기를 원할 때 필요한 것은 먼저 그를 온전히 이해하는 것입니다.

자기사랑도 자신을 온전히 이해하는 것으로부터 시작됩니다. 내가 나를 이해하지 못할 때, 세상에 떠도는 수많은 자기사랑의 노하우는 내게 아무런 도움이 되지 않습니다. 나에게 맞지 않아서 나를 혼란스럽게 할 뿐입니다. 실제로 자신에게 맞는 방법을 찾지 못해 중도에 포기하고 '나는 역시 안 돼' 하면서 낙담하거나, 시키는 건 다해 봤는데 가슴의 공허함이 사라지지 않는다고 털어놓는 사람들을 자주 만납니다.

자신을 사랑한다는 것은 지엽적인 훈련만으로는 불가능합니다. 욕구가 충족되는 것은 자기사랑의 결과이지 자기사랑 그 자체는 아닙니다. 가슴 뛰는 일, 행복한 느낌을 따르는 것이 때로는 우리를 불행으로 이끌기도 하니 그도 정답은 아닐 것입니다. 긍정적인 측면에 관심 갖는 것은 부정적인 사고에 자꾸 젖어드는 사람들에게는 유용하지만 부정적인 사고를 외면하는 사람들에게는 반쪽의 자기사랑일 뿐입니다.

이 책은 자기사랑이 무엇인지, 왜 필요한지, 어떤 자기사랑의 과정을 거쳐야 하는지에 대해 다섯 장으로 나누어 설명합니다. 나를 이해하는 것으로 시작되는 다섯 단계 자기사랑 안내서라고 할 수 있습니다.

책을 읽다 보면 자기사랑에 대한 새로운 관점을 발견할 수 있습니다. 우리가 자신을 사랑하고자 할 때 자꾸 놓치는 문제, 범하는 실수에 대해서도 말합니다. 자신을 사랑하기 위해서 나 자신과 어떻게 관계 맺어야 하는지, 나를 어떻게 대해야 하는지도 이야기합니다.

나무를 심는 사람들의 이수미 대표가 처음 이 책을 제안할 때 제게 물었습니다. 당신이 그토록 많은 글을 쓰면서, 그리고 그토록 많은 사람들을 만나면서 하고 싶었던 정말 간절한 이야기가 뭐냐고 말입니다. 그 간절한 이야기가 이 책에 담겼습니다. 내 간절함을 글로 쓸 수 있게 독려해 준 이수미 대표에게 감사의 마음 전합니다. 지난한 책 작업을 변함없이 지지하고 기다려 준 가족에게도 정말 고맙다는 말을 전합니다. 무엇보다 〈한겨레〉의 섹션 '서울&'에 2년여에 걸쳐 상담 칼럼을 연재하는 동안 늘 격려와 지지를 보내 주신 윤영미 편집장님, 윤승일 전 편집장님, 김도형 팀장님을 비롯해 '서울&' 식구들께 깊이 감사드립니다. 그리고 격주로 칼럼을 나눠 쓰면서, 깊이 있고 감각적인 글쓰기로 제게 긴장과 감동을 주셨던 손관승 선생님께도 고마움을 전합니다.

많은 분들이 자신을 진정으로 사랑하는 법에 대해 알고 싶어 합니다. 그분들에게 도움이 되었으면 좋겠습니다. 이제 자신의 길에 들어선 기분, 고향으로 돌아온 느낌을 찾았으면 좋겠습니다. 그 어떤 자신의 모습도 기꺼이, 깊게 끌어안는 삶을 살았으면 좋겠습니다. 이 책이 그 시작이 되었으면 좋겠습니다.

2017년 12월

박미라

Counseling

Counseling

Counseling

1장

나를
이해하기

'저 사람은 어떤 사람이지? 나에게 왜 그러지?' 하지 말고 '나는 왜 그 문제에 화를 내지? 내가 그를 두려워하는 이유는 뭐지?' 하고 물어보세요.

나의 욕구 알기

글쓰기를 안내할 때 저는 참가자들에게 '죽도록 미운 당신에게'로 시작하는 편지를 쓰게 합니다. 살아오면서 사무치게 미워하게 된 사람을 한 명 떠올리고 그동안 하지 못했던 말을 실컷 써 보게 하는 것입니다. 물론 부치지 않을 편지라는 사실을 알려 주고 아주 솔직하고 과감하게 쓰도록 부추깁니다. 편지를 다 쓰고 나면 그 편지 끝에, 죽도록 미웠던 그에게 당신이 간절하게 원하는 게 무엇인지 밝히도록 합니다.

"누군가를 미워한다면 아마도 그로 인해 다친 마음, 좌절된 욕구가 있을 거예요. '당신에게 사랑받고 싶은 내 욕구가 좌절돼서 아파요. 당신의 엄격함 때문에 내가 너무 위축됐어요. 당신이 늘 소리쳐서 두려움을 느껴요…'라고 말하는 부분이요. 그렇지 않나요?"

그러면 사람들의 표정에 일순간 긴장감이 감돕니다. 상대를 미워하는 일은 많이 했는데, 그 때문에 내가 입은 상처가 구체적으로 무엇이었는지 생각해 보지 않은 겁니다. 이어지는 제 요구에 사람들은 더욱 당황합니다.

"좌절당하기나 다친 마음이 있다면 그에게 여러분이 원하는 게 무엇인지도 써 주세요. 예를 들면 '집안일을 할 때 나를 좀 더 배려해 주세요. 내가 하는 행동을 믿어 주고 지지해 주세요. 좀 더 친절하고 따뜻하게 대해 주세요. 나는 든든하고 안전하게 보호받는 걸 좋아해요'라고요."

의외로 많은 사람들이 자신에게 필요한 것, 자신이 원하는 것이 무엇인지 잘 알지 못하는 것 같습니다. 낭독시간에 주로 말하는 것은 '소리치지 마세요, 비난하지 마세요, 술 마시지 마세요'처럼 상대가 하지 말았으면 하는 것들입니다. 그 요구에는 자기 자신이 없습니다. 요즘 우리는 너무 민감해져서 싫어하는 게 많습니다. 그러나 자신이 진정으로 원하는 것이 무엇인지에 대해서는 잘 알지 못합니다.

자신이 원하는 것이 무엇인지 모르면 인간관계에서 번번이 좌절감을 맛보게 됩니다. 우리는 분명 무엇인가를 충족시키기 위해서 인간관계를 시도하고, 집단에 소속되고자 합니다. 그런데 대부분의 사람들은 자신이 원하는 걸 말하지 못하고 심지어 알지도 못합니다. 그저 막연하게 뭔가를 기대하는 것이지요. 마치 어린아이처럼. 그리고 기대가 채워지지 않았을 때, 주위 사람들이 자신의 욕구만 챙길 때 우리는 분노합니다. 어쩜 저렇게 이기적이지 하면서 노여워합니다.

그런데 가만히 생각해 보면 그에게 내가 원하는 것을 밝힌 적이 없습니다. 말하지 않은 것을 상대가 알아차리길 원하니 상대에게 나의 마음을 읽는 타심통을 바라는 것이나 마찬가지입니다.

우리는 자주, 나를 있는 그대로 알아봐 줄 누군가가 있을 거라는 환상에 빠집니다. 하지만 다 알다시피 완벽한 이해와 인정은 타인에게서 이루어지지 않습니다. 타인은 결코 나를 있는 그대로 봐주지 않습니다. 그들은 자기만의 색안경을 쓰고 나를 봅니다. 자기 방식으로 나를 이해하는 것이지요.

그가 보는 것은 그가 가진 생각의 틀에 비쳐진 나일 뿐입니다. 그건 너무나 자연스럽고 당연한 일이라 '왜 나를 그렇게밖에 보지 않느냐'고 따져 물을 수 없습니다. 결국 자신을 온전히 이해하고 인정해 줄 사람은 자기 자신뿐이며, 나를 이해하기 위해 전력을 다할 사람도 나 자신입니다.

자신에 대해 아는 것은 무척 중요합니다. 나는 자기이해가 자기사랑의 가장 우선적이고 근본적인 요소라고 생각합니다. 자신의 타고난 성격과 욕구를 이해하고, 자신의 감각과 개성, 약점과 부끄러운 부분을 이해하며 자기 한계를 아는 것, 종국에는 자기 존재의 의미나 목적까지를 깨닫는 것 말입니다. 이 세상에 태어난 나라는 존재에 대해 충분히 알아 가는 것, 그보다 나를 사랑하는 방법이 있을까 싶습니다.

자기이해, 다시 말해 나를 알아 가는 것은 인간존재의 숙명인지도 모르겠습니다. 분석심리학의 창시자인 융은 자서전의 서문을 다음과 같은 문장으로 시작합니다.

"나의 생애는 무의식의 자기실현의 역사다. 무의식에 있는 모든 것은 외부로 나타나 사건이 되려 하고, 인격 역시 무의식의 조건에 따라 발달하며 스스로를 전체로서 체험하려고 한다."

융은 인간의 정신이 의식과 개인무의식, 그리고 집단무의식의 다양한 차원으로 이루어져 있다고 보는 심층심리학자입니다. 그에 의하면 인간이 자기 자신이라고 알고 있는 부분은 의식차원에 국한되어 있습니다. 그러나 의식의 배후에 숨겨졌던 무의식은 의식의 파편화를 극복하고 의식과 통합되어 전체 인격이 되려는 목적성을 가지고 있습니다. 따라서 인간은 살면서 종종 통합을 요구하는 무의식의 도전을 경험하게 되는데 그것이 중년기에 겪는 인생의 고난일 경우가 많습니다. 자신이 모르던 부분을 밝혀서 온전한 자신을 실현하는 것, 그것이 융이 말하는 인간의 길입니다.

저는 자기를 알아 가는 과정을 퍼즐조각 맞추기에 비유하곤 합니다. 아무 정보도 없던 퍼즐판에 하나하나 조각을 맞춰 가는 것, 그래서 결국 퍼즐의 큰 그림을 파악하는 과정이 그것입니다.

나를 온전히 이해하는 게 쉬운 일은 아닙니다. 내 안에 내가 너무 많고, 자기도 모르게 억압했거나 외면한 부분도 많기 때문입니다. 단언하건대 죽을 때까지도 우리는 자신에 대해 다 알지 못합니다. 그럼에도 불구하고 자기이해는 선택이 아니라 필수입니다. 자기이해가 충분하지 않을 때 살면서 필연적으로 맞닥뜨리는 여러 문제를 해결할 수 없기 때문입니다.

내면에서 보내는
신호

인간관계의 갈등에 자주 휘말리는 사람들이 있습니다. 그들은 번 번이 상처 입고, 구설수에 휘말리며, 쉽게 이용당합니다. 반대로 주 위 사람들이 그에게 상처 입어 모두 피하는 사람도 있습니다. 또는 갑자기 어떤 침체기에 들어 우울해하며, 주위 사람을 원망하거나 아 무도 없는 황무지를 방황하는 고독하고 막막한 심정이 될 때도 있습 니다. 그럴 때는 자신을 돌아봐야 합니다. 자기 안으로 들어가 자기 내면에서 어떤 일이 벌어지고 있는지 이해해야 합니다.

인생의 고통이나 갈등은 대체로 자신의 내면을 돌아보라는 신호 입니다. 이제까지 자신이 의식하지 못했던 영역을 발견해야 할 때임 을 알려 주는 지표입니다. 우리의 내면은 때때로 신호를 보냅니다. '이즈음엔 네가 이걸 알아야 해' 하면서 말이지요. 융 심리학으로 설 명하자면, 자기를 실현하려는 무의식의 충동이 그것입니다. 사람들 은 그 신호를 의식하지 못하거나 무시해서 반복적으로 고통을 경험 합니다. 고통이 반복될수록 상심은 깊어 가는데, 피해의식과 수치심 이 함께 깊어지기 때문입니다. '다들 나한테 왜 이러는 거야', '나는 도대체 왜 이렇게 문제투성이야' 하는 생각이 그것입니다.

이렇게 고통을 수없이 경험하면서도 사람들은 결코 자기 안에서 문제를 찾으려고 하지 않습니다. 자신에게 잘못이 있다는 게 밝혀지면 안 되기 때문에 상대에게서 모든 문제의 닻을 찾아내려고 전전긍긍합니다. 또한 자기라는 존재에게 심각한 결격사유가 있다고 추측하는 사람, 자기혐오에 빠진 사람도 자신과 만나기를 회피합니다.

자기 직면을 싫어하는 사람들이 주로 보여 주는 태도의 대표적인 사례가 외부 대상에 몰두하는 것입니다. 이상적인 목표를 추구하며 일중독에 빠지거나 괴로움을 잊기 위해 알코올중독에 빠지는 예는 아주 잘 알려져 있습니다. 사소한 문제를 끊임없이 만들어 내거나 자신에 대한 비관적인 생각을 반복함으로써 진짜 문제를 회피하기도 합니다.

상대를 탓하느라 정신이 없는 사람들은 끊임없이 '우리 엄마는, 우리 아이는, 우리 가족은 도대체 왜 그런 걸까요?' 하면서 자신의 문제를 외면합니다. 그들은 상대를 굉장히 오래 탐구했기 때문에 상대문제 전문가가 됩니다. 자신을 괴롭힌 그, 그녀에 대해서는 책이라도 몇 권 쓸 정도의 정보를 가지고 있습니다. 우리 엄마는, 아버지는, 그는, 그녀는 등으로 시작하는 말은 아무리 해도 끝나지 않습니다. 거꾸로 '당신은 어때요? 상대가 그럴 때 당신은 어떤 감정을 느끼나요?'라고 물으면 무척 막막해합니다. 자신에 대해서는 아는 게 거의 없기 때문입니다.

남에게 향한 시선을
내게로 돌리는 '내향화'

신경을 곤두세워 상대를 탐색하는 일을 그만두고, 자신이 왜 자꾸 신경을 곤두세우고 그에게 시선을 보내는지 자신을 관찰하는 것, 자신의 내면을 탐색하는 것, 그것을 내향화라고 합니다. 내가 가진 인식기능과 감각기능을 나를 감지하고 이해하는 데 사용하는 것이지요.

'저 사람은 어떤 사람이지? 나에게 왜 그러지?' 하지 말고 '나는 왜 그 문제에 화를 내지? 나는 왜 참을 수 없어 하지? 내가 그를 두려워하는 이유는 뭐지?' 하고 물어보세요. 내가 감정적 격랑에 휩쓸릴 때 내 몸의 상태는 어떤지, 내 마음은 무슨 생각을 하고 어떤 이미지를 상상하는지도 살펴보세요. 감정의 소용돌이 속에서 내가 외마디처럼 지르는 한 문장의 말은 무엇인지 느껴 보세요. '나는 누구지? 나는 무엇을 좋아하고 무엇을 싫어하지? 간절히 원하는 것은 뭐지?' 라고 스스로를 느껴 보십시오.

아마 최초의 내향화는 인도의 요가에서 시작되었을 겁니다. 요가의 단계 중에 프라티하라(pratyahara)는 '감각 철회' 또는 '감각 제어' 를 의미합니다. 외부세상을 인식하는 데 사용하는 우리의 감각기능(시각, 촉각, 청각, 미각, 후각)을 내면으로 돌리는 수련이 그것이지요. 자신의 마음에 집중하기 위해서 말이지요. 이것을 인도의 경전은, 말처럼 밖으로 내달리는 우리의 감각을 거북이가 몸을 껍질 속으로 끌어들이듯이, 안으로 끌어들여 자신에게 집중시키라고 표현합니다. 요가의 모든 단계가 그렇지만 내향화 역시 반복적인 훈련으로 가능해집니다.

요가뿐 아니라 심리학이 촉구하는 내향화도 결국 훈련입니다. 처음엔 밖의 사건들과 사람들이 신경 쓰여서 내 마음 따위는 느껴지지 않습니다. '모르겠어요. 그냥 화가 나요. 그 사람은 어쩜 그렇죠?' 하는 식으로요. 어떤 사람들은 자신이 화났다는 사실조차 인지하지 못합니다. 그러나 반복하면 할수록 자신에게 집중하는 게 쉬워집니다.

일상생활에서 내향화는 투사를 알아차리는 과정에서 일어납니다. 우리가 누군가에게 불편함을 느끼는 것은, 내가 싫어하는 나의 모습을 그에게서 발견했기 때문입니다. 내가 외면한 나의 모습을 상대가 가지고 있다고 여기면서 그를 불편하게 여기는 것이 바로 '투사'입니다. 놀랍게도 내가 상대에 대해 갖는 생각과 감정은 대부분 투사입니다.

타인에 대해 안쓰럽게 여기는 감정은 내 자신에 대한 연민일 가능성이 큽니다. '저 사람은 참 경직됐어, 이기적이야' 하는 생각으로 불편해진다면 내가 내면의 경직성과 이기심을 지나치게 억누르고 사느라 힘들었다는 이야기가 됩니다.

남편이 너무 무서워서 조심스럽다고 느낀다면 당신 내면의 엄격한 아버지상을 찾아봐야 합니다. 당신도 종종 남들에게 엄격하거나 무서운 존재가 아니었는지 돌아보세요.

외면했던 내 모습
'그림자' 알기

자신의 마음을 이해하는 프레임으로 '내면인격'이라는 개념을 제안합니다. 내면인격은 분석심리학의 원형(Archetype)이나 게슈탈트 이론의 '부분들', 후기 정신분석학 계열의 '내면아이' 등의 개념으로 많이 알려졌습니다. 인간의 내면에는 어떤 심리적 측면들이 존재하는데 그 각각의 측면은 자율적으로, 그리고 인격처럼 활성화될 수 있습니다.

분노나 우울, 불안 등의 감정을 비롯해 완벽주의, 원칙론, 도덕성, 희생적 태도 등의 특정한 사고방식, 삶의 태도 같은 것도 일종의 내면인격이 될 수 있습니다. 내면인격이 지나치게 활성화되면 인간은 하나의 부분인격에 사로잡히게 되어 균형을 잃고 고통을 겪게 됩니다. 예를 들어 분노나 우울에 사로잡히면 당신은 늘 화난 사람 또는 우울한 사람이 됩니다.

내면의 각 측면을 하나의 인격으로 보는 내면의 인격화는 앞에서 말한 심리적 퍼즐 맞추기의 좋은 도구입니다. 인격이 된 분노나 우울은 마치 사람처럼 자신의 존재 이유와 원하는 바를 우리에게 이야기해 줍니다. 그들과의 대화를 통해 나에 대한 새로운 이해가 가능해집니다. 때로 그들은 우리에게 해결책을 제시하기도 하는데 그게 뜻하지 않게 도움을 주기도 하지요.

나를 이해할 때, 우리가 이제까지 알고 있던 익숙한 모습보다는 의외의 모습, 낯선 모습에 관심을 기울이는 것이 좋습니다. 겉으로 드러난 의도보다 숨은 의도를 찾아내는 것도 필요합니다. <u>자랑스럽게 생각하는 측면보다 싫어하고 불편해하는 나의 모습을 이해할 필요가 있습니다.</u>

내가 싫어하고 불편하게 여겨서 외면한 내 모습이 심리학적 용어로 '그림자'입니다. 상대에게만 악의가 있는 것은 아닙니다. 내가 늘 피해자인 것도 아닙니다. 의식하지 못한 채 누군가를 견제하거나 미워할 수 있고, 심지어는 상대가 더 나빠지도록, 그래서 그가 자타공인의 나쁜 사람이 되도록 부추기고 있는 나를 발견할 수도 있습니다. 나라는 존재의 빛과 그림자를 모두 파악해야 합니다. 그래야 나에 대한 큰 그림이 비로소 완성됩니다. 내가 익히 알고 있는 퍼즐조각만으로는 결코 나를 완전히 파악할 수 없습니다.

퍼즐조각 맞추기가 완성되어 갈수록 우리는 안도감을 느끼게 됩니다. 나에 대한 앎이 확고해지기 때문에 무모한 대립을 멈추고, 맹목적인 자기비난에서 벗어나게 됩니다. 아니, 자신의 내면과 접촉하는 것만으로도 사람들은 활기와 행복한 감정을 느낍니다. 마치 고향에 돌아온 사람처럼 말이지요.

이 장에서는 갈등관계에 숨어 있는 욕구와 의도, 우리 안의 부정적인 내면인격, 숨겨진 분노 등에 관한 사례를 살펴봄으로써 나를 이해하는 과정을 짚어 볼 것입니다. 내면의 부정적인 영역은 우리를 완성시켜 줄 미지의 영역입니다. 죄책감이나 두려움보다는 호기심을 가지고 그 영역으로 걸어 들어가 보세요.

자신의 감정을 숨기기 위해
상대의 잘못에 집착하는 당신

친정엄마 때문에 고민이 많습니다. 치매를 앓고 계신 아버지와 살고 계시는데, 아버지는 주간보호센터에 다니시고 엄마는 요즘 '홍보관'이란 곳에 다니십니다. 나이 드신 분들 모아 공연 등을 보여 주며 온갖 물건들을 시중가보다 몇 배나 비싸게 파는 곳입니다.

삼사 년 전에도 그곳에서 이것저것 터무니없이 비싼 값에 사오시기에 가시지 않으면 좋겠다고 말씀드렸더니, 내 돈 가지고 내가 쓰는데 너희들이 무슨 상관이냐며 화를 내셨습니다. 결국 70만 원짜리 전기장판 4개를 사 오셔서 엄마 것만 남기고 3개를 환불하게 되어 그곳을 못 다니시게 되었습니다. 그곳은 물건 사는 할머니들을 여왕 대우해 주며 띄워 주지만, 물건을 안 사거나 반품하면 망신을 줘서 못 다니게 됩니다. 엄마는 그때 저희 때문에 거기 못 다니게 된 걸 생각하면 속에서 천불이 난다 합니다.

동네에서 가까운 문화센터나 노인대학 등을 알아봐 드려도 무조건 싫다고만 하시다가 요즘 다시 나가서 두 달가량 쓰신 돈이 400여만 원이나 됩니다. 더 이상 살 물건이 없으니 재미 삼아 왕래만 할 거라 하시더니, 덜컥 정수기를 60개월 할부로 200만 원 넘는 것으로 사오셨습니다. 왜 이러시냐고, 어째서 약속을 안 지키시냐고 해도 소용없고 오히려 더욱 역정을 내며 다른 집 자식들은 좋은 물건 많이 사오라고 돈도 많이 준다는데 너희들만 못 가게 한다고, 100만 원이라도 줘 보라고, 사고 싶은 게 많은데 돈 없어 못 사고 있다고 화를 내십니다.

엄마는 무척 부지런한 성격이지만 자신의 잘못은 인정하시 못하는 분이기에 자식들은 나름 조심하며 엄마를 대합니다. 귀가 어두워서 보청기를 하자 했더니 너무 잘 들린다고 하시고, 아니라고 하면 욕설을 퍼붓습니다. 자신은 평생 남에게 해코지하지 않고 잘 살았으니 당신 귓구멍에 대고 듣기 싫어하는 소리는 절대 하지 말라 하십니다.

당신 멋대로만 하시는 엄마의 모습에 너무 지칩니다. 홍보관도 더 만류하면, 이젠 욕설이 아닌 자해를 하실 거 같아 전전긍긍하고 있습니다. 우울증 증세도 보이는데 병원에 가서 상담 치료를 받아 보자고 말씀드렸더니 불같이 화만 내십니다. - 가을나무

••

　　어머니 때문에 얼마나 마음고생이 컸을지 보내 주신 사연만 읽어도 짐작이 됩니다. 하지만 어머니 처지도 이해가 되네요. 아마 어머니는 치매 남편과 살아가는 노년의 삶이 무척 우울하셨을 겁니다. 희망 없고 침체된 노부부의 삶이 주는 고독감을 혼자 감내하고 계시겠지요.

　　그 우울감에서 벗어날 수 있는 때가 어머니에게는 바로 물건을 사면서 돈을 쓰는 순간이었을 겁니다. 그러니까 어머니의 24시간, 365일 중에 살아 있다고 느껴지는 그 순간은 바로 주눅 들지 않는 분위기에서 물건을 소개받고, 그걸 살까 고민하고, 그리고 극진한 대접을 받으며 카드를 결제하는 그 시간이었을 겁니다. 이런 노인들의 심리를 악용한 상술에서 벗어나기란 그 누구도 쉽지 않습니다.

　　당신이 원하는 답은 아니겠지만 저는 문득 가을나무님과 어머니의 관계를 묻고 싶어집니다. 당신은 어머니를 어떻게 생각하나요? 좋아하고 사랑하시나요? 혹시 어머니의 고집과 일방성, 또는 무관심 때문에 어린 시절 상처 입어 원망하는 마음이 남아 있지는 않나요?

　　앞에서 나는, 자신의 심리적인 문제와 직면하기 싫어서 이런저런 회피 방법을 찾는 사람들에 관해 이야기했습니다. 우리가 어떤 일에 몰두해 전전긍긍할 때는, 특히 해결할 수 없는 일에 매달려 애를 쓰고 있을 때는 잠시 멈춰서 우리 행동을 돌아봐야 합니다. 왜 이토록 이 문제에 집중해 있는지, 매번 좌절감을 맛보면서도 어머니의 행동을 통제하려는 시도를 중단하지 않는 이유는 무엇인지 말입니다. 혹시 자신의 중요한 감정을 감추기 위해 상대의 잘못에 매달려 있는 건 아닌가요?

이를테면 자식이 부모를 미워하는 마음이 그런 것입니다. 부모에 대한 미움을 스스로 인정할 수 없어서, 죄책감이 느껴져서 우리는 부모가 얼마나 문제를 만들어 내는지, 얼마나 미움받을 행동을 하는지 증명하는 일에 몰두합니다. 저는 가을나무님의 사연 글 곳곳에서 어머니에 대해 냉정해지는 당신의 마음이 느껴집니다. '엄마는 과거에도 그랬고, 지금도 여전히 당신 자신밖에 모르는군요' 하는 마음이요.

어머니를 통제하고 싶어 하는 딸들의 마음속에는 원망의 이야기를 하고 싶은 욕구가 자리 잡고 있을 겁니다. 어쩌면 자기 욕구에 저토록 충실한 어머니에게 미움과 질투를 동시에 느끼는 건지도 모릅니다. 중요한 것은, 어머니에 대해 그토록 노심초사하게 되면, 내 인생의 주인공을 어머니로 삼는 결과를 낳는다는 것입니다. 내 생각 속의 어머니가 너무 큰 자리를 차지하고서 내 감정과 내 삶을 좌우하게 되니까요.

어머니가 자신의 돈으로 물건을 사는 거라면 그 일에 너무 많이 개입하지 마세요. 사실 아무리 간섭해도 어머니는 별로 달라지지 않을 거고, 오히려 역효과만 날 것입니다. 무엇보다 그게 실패든 아니든, 어머니도 어머니의 삶을 살 권리가 있습니다. 만약 자식들이 경제적 부담을 지고 있다면 소비의 한계를 명확하게 하시고 그 이상은 양보하지 마세요.

가을나무님은 어서 자신의 인생을 살아야 합니다. 어머니로 향했던 관심을 자신에게 돌려야 합니다. 고집 세고 이기적인 어머니 때문에 상처 입었던 마음을 누구보다 당신이 위로하고 치유해 주어야 합니다. 그리고 당신도 어머니처럼 아니, 어머니보다 건강한 방식으로 자신을 위해 뭔가를 하셔야 합니다.

지독한 나르시시스트 뒤에
'숨겨진' 나르시시스트가 있다

◇
◇
◇
◇

시어머니는 막내인 우리 집이 제일 잘사니까 당신 원하는 대로 돈을 써야 한다고 생각하십니다. 우리는 열심히 살고 있고 지출보다 저축을 더 많이 합니다. 두 아이의 교육도 책임져야 하고 노후 준비도 해야 하니까요. 물론 부모를 위해 좋은 선물 해 드리고 좋은 음식 대접하는 건 자식으로서 당연한 도리지만, 우리 시어머니는 본인의 품위 유지를 위해 자식이 끝도 없이 돈 쓰길 원하십니다.

두어 달 전 시부모 두 분이 미국 여행을 함께 다녀오셨습니다. 세 자녀가 각각 200만 원씩 갹출해 여행 경비로 드렸습니다. 시어머니는 자식들 돈으로 간 네 번째 미국 방문이었지만 평생 미국 한 번 못 가 보고 죽는 사람들도 많지요. 우리 부모도 그렇습니다. 그런데 여행 경비가 모자라 쇼핑도 제대로 못 했다고 저에게 화를 내시네요. 오직 자식들이 주는 경비에만 의존하시면서요. 거기다 일 년에 한 번도 어려운 해외 여행을 또 가시게 되었습니다. 미국 다녀온 지 서너 개월 후에 중국 여행 가고 싶다 하시니, 막내아들이 덜컥 모시겠다고 나섭니다. 남편도 꼴 보기 싫어요. 그래서 이루어진 두 번째 여행은 중국 상해. 물론 모든 경비는 우리 돈으로 내 드렸습니다.

저에겐 사올 것이 하나도 없어 아무것도 못 샀다는 문자를 보내고,

덧붙여 아들이 기내에서 뭐 하나 고르라 해서 덜컥 지갑 하나 고르셨답니다. 면세점에서 더 살 거 없나 돌아보다 '스와로브스키' 귀걸이가 또 덜컥 눈에 들어왔고, 아들에게 사 달라고 말씀하셨으나 어떻게 했는지는 저도 모릅니다. 그것까진 겁나서 묻고 싶지도 알고 싶지도 않았습니다.

제가 만약 부모 입장이라면 '아들아, 여행 경비도 많이 썼는데 또 무슨 돈을 쓰려고 그러니? 나 필요 없다' 할 거 같습니다. 한 푼이라도 자식새끼 주려고 노심초사하시는 친정부모와는 너무도 다른 그림이라 난 이 그림을 어찌 해석해야 할지 모르겠습니다. 우리 엄마는 백화점 구석 세일 코너에서 비싸지도 않은 가방을 만지작거리고 사지도 못하고 돌아섭니다. 시어머니는 롯데 본점 '루이비통'에서 색깔만 다른 가방 두 개를 덜컥 사 들고 오십니다. 다음 달 카드값 전전긍긍하시는 분이….

시어머니의 입장은 이렇습니다. '어머니 그게 사고 싶으셨어요? 마음껏 사세요. 다 사 드릴게요'라고 해야 맞는 거 아니냐는. '군소리 없이 다 받아들이고 원하시는 걸 다 해 드려야 하는 걸까? 우리는? 나는? 죽어라 아끼고 저축해서 시어머니 백화점 카드값 내 드려야 하는 걸까? 난 동대문시장에서 옷 사입고 어머니는 명품관에서 아들이 사주는 옷을 입어야 하는 걸까?' 도대체 언제까지 이래야 하는 걸까요? - 성현순

●●

성현순 님의 시어머니 이야기를 들어 보니 나르시시스트란 단

어가 떠오릅니다. 나르시시스트는 그 누구보다도 자신이 우월하고 특별하다고 느끼고 싶어 하지요. 당신의 시어머니는 친구들 사이에선 돈 잘 버는 효자 자식을 둔 부러운 마나님으로 우쭐한 기분을 느낄 거고, 또 집안에선 자식들이 쩔쩔매는 모습을 보면서 자신의 권위를 확인할 겁니다. 아들을 사이에 둔 고부간의 경쟁에서 승리감을 즐겼을지도 모릅니다.

그런데 『사랑과 착취의 심리』를 쓴 샌디 호치키스는 이런 흥미로운 이야기를 합니다. 공공연한 나르시시스트의 뒤에는 '감춰진 나르시시스트'들이 있다는 거지요. 감춰진 나르시시스트들은 결코 자신을 드러내지 않으면서 타인에게 바람을 잔뜩 불어넣어 그를 나르시시스트로 만들고, 이를 통해 자신의 위대성과 전능성을 만끽한다는 겁니다.

그렇다면 당신은 어떤가요? 당신의 남편과 그의 형제자매와 배우자들은요? 혹시 그녀의 나르시시즘을 부추긴 감춰진 나르시시스트들은 아니었나요? 부모님이 원하신다면 '그까짓 거, 즐거우셨다니 좋네요. 부모님께 정성을 다하는 건 당연한 도리지요' 하면서 거짓 미소로 부모님의 허영심을 부추기진 않았습니까? 그렇지 않고서는 그토록 오래 시어머니가 당당할 리 없기 때문입니다.

자신을 잘 이해하기 위해서는 자신의 숨은 욕구와 의도를 알 필요가 있다는 말을 앞서 언급했습니다. 사람들은 종종 인간관계의 가해자가 나를 계속 괴롭히는데도 무력하게 방치합니다. 그 심리적

이유는 무엇일까요. 어떤 숨은 의도가 잠재해 있는 걸까요? 싸우지 않는 착한 사람으로 남고 싶은 걸까요? 아니면 가해자가 충분히 나쁜 짓을 하도록, 그래서 그를 죽도록 미워해도 죄책감을 느끼지 않도록 하기 위함일까요? 당신은 어떤 경우입니까?

이제 효로 가장된 그 거짓 미소와 거짓말을 멈춰야 합니다. 거짓 미소와 거짓말은 증오와 경멸을 낳습니다. 거짓 찬사를 보낸 상대를 사랑할 수는 없기 때문입니다. 그리고 증오가 깊어지면 솔직하고 담백한 의사 표명이 어려워집니다. 미움을 억누르기 위해 애쓰느라, 그리고 죄책감 때문에 담담하게 진실을 말할 힘이 없어지기 때문입니다.

물론 며느리 혼자 시부모의 뜻을 거역하기는 쉽지 않을 겁니다. 이제까지 시부모에게 착한 며느리였다면 더더욱이요. 그렇다면 남편을 잘 설득하고 이해시켜서 자신과 한목소리를 내 달라고 요구하세요. 남편에게 '당신 집안은 왜 그래' 하면서 화풀이하지 마시고, 시부모에게 드릴 돈의 한계를 정해서 가계지출을 예측 가능하게 하고 싶다고 말씀하세요. 그리고 한계를 명확히 하는 일에 남편의 역할이 중요하다는 사실을 인지시키세요.

자신의 욕구를 말하는 데 당당하세요. '내가 뭐라고, 이렇게까지 미워하고 싸워야 하나'라고 생각하지 마세요. 시어머니의 욕구와 똑같이 당신의 감정과 욕구도 중요하기 때문입니다.

덧붙인다면 성현순 님이 친정엄마처럼 살지는 않았으면 좋겠

습니다. 지금보다는 미래를 위해서, 나보다는 자식을 위해서 사는 삶
은 당신의 욕구를 희생시킵니다. 내면의 희생이 커지면 그 누구를 보
더라도 억울하고 원망스러울 수 있답니다.

어머니 같은 여자,
아버지 같은 남자에게 끌리는 이유

결혼 4년 차 주부입니다. 남편의 태도 때문에 연애 기간 포함 5년 간 마음 졸이며 살았습니다. 마음에 들지 않는 일이 생기거나, 화 나거나 짜증나는 상황이 되면 남편은 말을 하지 않습니다. 그 일의 원인 제공자가 저든 아니든 상관없이 모든 경우에 입을 닫아 버립니다. 처음에는 그 상황이 너무 힘들어서 풀어 주려고 엄청 노력했 는데, 그러다 보니 습관이 됐나 봅니다.

가령, 본인이 피곤하게 일을 하고 늦게 집에 들어왔는데 먹을 게 없으면 짜증을 내고 말을 안 합니다. "라면 없어?" 했을 때 "응, 내 가 하나 남은 거 먹었어. 지금 사다 줄까?" 하면 아니라며 짜증내 고 말을 안 합니다. 그게 며칠을 갑니다. 사과하는 법은 한 번도 없 습니다. 제가 항상 아무렇지 않은 듯 말을 걸어야 하고, 화가 풀어 진 뒤 왜 그랬는지 물어보면 말을 돌립니다.

지난 추석, 시댁 가는 길에 차가 너무 막혔습니다. 계속 한숨을 쉬 며 짜증을 내기에 저는 조용히 있었습니다. 친정에 먼저 들르기로 했는데, 그러다 보니 시댁에 가는 시간이 너무 늦어질 거 같았습니 다. 친정에서 점심을 먹고 시댁에 가면 저녁 늦게 도착할 것 같으 니 짜증이 났나 봅니다. 그래서 엄마에게 전화 드린 후, 남편에게 행선지를 바꾸라고 몇 번이나 말했습니다. 대답을 안 하더니 한참 있다가 내비를 수정하더군요. 저는 서러워서 눈물이 터졌습니다. 도착해서도 이틀간 제게 말을 하지 않았습니다. 너무 서러워 울면서 '내가 뭘 잘못했는지 모르겠다. 차가 막히는데 왜 내게 짜증을 내냐. 무슨 이유냐. 당신이 그러면 내가 얼마나 지옥 같은 시간을 견뎌야 하는지 아느냐' 했습니다. 여전히 대답은 없지요.

다음날 아침 남편을 깨우는데 정말, 여섯 살 아이가 자기 맘에 들지 않는 상황에서 친구를 째려보듯이 저를 봅니다. 제가 일으키려 하면 손을 내치고 분노가 가득한 눈으로 째려보더라고요. 그런 상황들을 결혼 내내 수도 없이 견뎠습니다. 또 저는 모든 의사 결정에서 남편 눈치를 보며 살고 있다는 것을 느끼게 되었습니다. 혹시 남편이 화내지 않을까? 삐치지 않을까? 매번 이렇게 살다 보니 가슴이 답답해 미칠 것 같습니다. - 도리

●●

앞에서 나는 '내향화'에 대해 설명했습니다. 우리는 자기 고통의 원인을 대부분 외부 대상에게서 찾아내려고 애씁니다. 상대의 일거수일투족을 예의 주시하면서 그의 상태에 따라 울고 웃어야 하는 괴로움을 호소합니다. 그런데 그 괴로움에서 벗어나려면 상대를 볼 게 아니라 그의 반응에 흔들리는 나를 보아야 합니다. 그게 바로 내향화지요. 이제부터 흔들리는 우리의 내면으로 들어가 보겠습니다.

물리적으로 폭력적인 성향을 보이는 게 아닌데 유난히 남편을 조심스러워하고 두려워하는 여성들이 있습니다. 반대로 아내를 두려

위해서 늘 숨죽이고 있거나 도망치고 싶어 하는 남편도 많지요. 이런 부부는 아마 동등한 배우자 관계이기보다는 아버지와 딸, 또는 어머니와 아들 관계를 심리적으로 재현하는 상태일 겁니다. 다시 말해 그들은 아버지 같은 남자, 어머니 같은 여자에 끌려 결혼하고 바로 그점 때문에 숨 막히는 결혼생활을 하게 됩니다.

이유는 여러 가지로 추측해 볼 수 있습니다. 우선은 어린 시절 자신이 보거나 경험한 것을 부부관계에서 반복하는 것일 수 있습니다. 과거에 부모가 비슷한 부부관계를 자식들에게 보여 줬거나, 본인이 무서운 아버지나 어머니 밑에서 자라 내면에 무서운 부모상을 갖게 된 것입니다. 두 번째로는 어릴 적 경험과 상관없이 우리 내면에 존재하는 엄격하고 혹독한 아버지상이나 어머니상을 배우자에게 투사해서 그를 두려워하기도 합니다.

희한하게도 우리는 이런 심리적 역동의 짝이 될 사람에게 끌리고, 상대에게 자신의 대역을 무의식적으로 요청한다고 하지요. 무서운 사람을 싫어한다고 말하면서도 엄격한 아버지나 어머니의 모습을 잘 구현해 줄 사람에게 사랑을 느끼고, 또 배우자에게서 엄부, 엄모의 태도를 이끌어 내는 것이지요. 반대로 지나치게 부성애와 모성애가 강한 사람들은 배우자를 딸이나 아들처럼 무력한 상대로 만들어 버립니다. 자신의 내면에 존재하는 어떤 특성을 상대에게 투사해서 인간관계를 맺는 것을 '전이'라고 합니다.

도리 님은 어떠세요? 과거 아버지와의 관계는 어땠나요? 또 부모님은 어떤 부부관계를 유지했나요? 그토록 마음 졸이게 하는 남편과 결혼하게 된 이유는요? 당신 내면의 무엇이 당신을 그리로 이끌었나요?

이제 생각해 보세요. 연애와 신혼 시절 도리 님이 어떻게 남편의 침묵에 동조하고 그것을 강화시켰는지 말이지요. 그가 화나서 침묵할 때 기분을 풀어 주려고 애쓰는 것, 그의 욕구를 미루어 짐작해서 미리 충족시켜 주는 것, 남편 때문에 쩔쩔매고, 남편의 침묵에 신경을 곤두세우는 것은 결과적으로 그의 침묵을 부추기고, 말할 기회를 차단하는 일입니다. 심지어 그의 침묵을 신비화하고, 힘을 부여하는 일이기도 하지요.

희망적인 것은, 도리 님이 이런 관계를 더 이상 참을 수 없어 한다는 것입니다. 아마 당신은 심리적 환상에서, 그리고 투사에서 벗어나고 있는 것 같습니다. 투사에서 벗어나 상대를 보면 당신이 상대에게 부여했던 힘도 사라집니다. 당신이 얘기한 것처럼 남편의 침묵은 여섯 살 아이의 투정인지도 모릅니다.

추측건대 남편에게는 뿌리 깊은 두려움과 망설임이 있을 겁니다. 자신의 욕구를 말로 표현하는 것에 대한, 화가 폭발하는 것에 대한, 싸움으로 비화되는 것에 대한, 언쟁에서 질 수도 있다는 생각에 대한, 남자답지 못하다는 평가에 대한, 더 나아가서는 그렇게 하지 않으면 사랑받을 수 없을 것이라는 두려움과 그로 인한 망설임 말이지요. 어쩌면 침묵이 가장 좋은 자기보호라는 어린 시절의 경험이 있었을 수도 있고요.

앞으로도 남편의 태도가 당신을 불편하게 한다는 것을 계속 주지시켜 주세요. 물론 위기감을 느낀 남편이 강하게 저항하겠지만 그것은 새로운 관계, 그러니까 동등한 부부관계로 가기 위한 필연적인 불편감입니다. 남편의 침묵에 더 이상 개입하지 마세요. 대신 그의 침묵을 끈질기게 말없이 버텨 보세요. 그가 스스로 어른스럽게 입을 열게 될 때까지 말이지요.

혐오하고 외면하고 싶은 인격도
나의 일부이다

트라우마 때문에 일상생활을 제대로 할 수 없을 만큼 고통과 마주하고 있는 30대 중반의 여성입니다. 잦은 자해와 자살 시도로 정신과 약을 먹고 있지만, 3년 동안 뚜렷한 병명을 들어 보지 못했습니다. 병명을 얘기해 주지 않는 이유는, 우울증 증상이 너무 다양하게 나타나기 때문에 어떤 병명이다 낙인찍으면 치료에 도리어 안 좋을 수도 있어서인 것 같습니다.

'네' 하고 수긍하다가도 하루에도 몇 번씩 내가 정말 심각한 정신병을 가진 건 아닐까 하는 두려움 때문에 압박감이 생기고, 나중에는 그 압박감으로 가까운 사람에게 독설을 퍼붓거나 지나친 분노로 자해, 자살 충동을 느낍니다. 그럴 때면 나에게 친절한 사람에게조차 인격 모독을 하고 '다 너 때문이다, 네가 날 죽이는 거다'라는 말을 내뱉곤 합니다.

중요한 건, 이건 정말이지 평소의 내가 아니라는 겁니다. 평소의 나로 돌아오면 내가 행동했던 것들, 내뱉은 말들이 또 다른 트라우마와 죄책감으로 남습니다. 나는 과거에서 벗어날 수 없는 사람인가 하고 절망감에 빠져 가슴 찢어지는 고통을 겪으며 눈물을 쏟아냅니다.

이젠 미안함도 외면해 버리는 사람이 되어 가고 있습니다. 이게 괴

물이 되어 가는 과정이 아니면 무엇이겠습니까. 이 괴물을 어떻게 해야 할지 도와주세요. - 루밍

●●

루밍 님의 사연에 답하기 위해서는 내면인격에 대한 보다 자세한 안내가 필요할 것 같습니다. 루밍 님이 말씀하신 것처럼 상대를 공격하고 자해, 자살 시도를 하도록 만드는, 분노에 찬 괴물은 사실 우리 안의 다양한 인격 중 하나입니다. 아니, 우리 안의 인격 중에는 괴물이 없지만 우리가 싫어하고 억압하면 그 인격이 괴물로 변할 수 있습니다.

우리는 마음속에 수많은 인격을 갖고 있습니다. 쾌활한 인격, 모성적 인격, 리더십 있는 인격처럼 우리가 계발하고자 하는 긍정적인 인격도 있지만, 분노하는 인격, 우울한 인격, 비판하고 비난하는 인격, 질투하는 인격처럼 우리가 혐오하고 외면하고 싶은 인격들도 살고 있답니다.

중요한 것은 이런 다양한 인격이 꼭 정신적 질환을 가진 사람에게만 있는 것이 아니라는 사실입니다. 나 말고 다른 인격이 살고 있다니 망상은 아닐까 걱정하는 분들이 있는데, '인격'이라는 말은 특정한 에너지나 감정 패턴, 부분적인 성격 특성 같은 것들의 상징적 표현이라 할 수 있습니다. 흥미롭게도 이런 특성들과 대화도 할 수 있고 이미지로 상상도 할 수 있습니다. 그래서 많은 심리치료에서 내

면과 대화하는 기법을 쓰지요.

실제로 우리는 날마다 다른 기분과 생각을 가지고 살아갑니다. 어느 때는 아무렇지도 않았던 일이 또 다른 때에는 견딜 수 없이 화가 나는 일이 됩니다. 사람들과 만날 때는 밝고 활기찬데, 집에 들어오면 우울해지는 사람도 있습니다. 또 어떤 인격은 우리가 뭔가를 골똘히 생각하거나 인생의 막다른 골목에 다다랐을 때 '어떡하지?' 하고 혼잣말로 물으면 도움이 되는 대답을 해 주기도 합니다.

애초에 이들은 목적이 있어서 생겨났거나 나름의 순기능을 가지고 있습니다. 나를 보호하려고, 또는 현실의 엄청난 고통을 견디기 위해 생겼을 거라는 말입니다. 조심스러운 짐작이지만 루밍 님의 분노도 처음에는 루밍 님을 보호하려고 강화되었을 겁니다. 그러나 그 의도는 트라우마를 만든 막강한 경험에 의해 좌절되었을 것이고, 또 사회적으로도 늘 제지당했을 겁니다. 사회생활을 잘하기 위해서는 함부로 화를 내서는 안 되며, 불화를 조장해서도 안 되기 때문이에요. 그 화가 내 권리를 보호하거나 해명하거나 항변하기 위한 것이라도 말이지요. 그렇게 공격당하고 억압당할 때, 그래서 본래의 건강함이 훼손당할 때 분노는 공격의 방향을 잃고 나와 무관한 사람에게 향하거나 자기학대로 변질됩니다. 『다락방 속의 자아들』의 저자 할스톤은 이야기합니다.

"우리는 우리의 모든 자아를 존중하는 법을 배워야 한다. 우리가 존중하지 않는 자아들은 우리가 의식하지 못하는 가운데 우리 내면에서 힘과 권위를 획득하면서 점점 더 크게 자라난다."

　외면당한 본능적 에너지는 무의식으로 들어가 다른 에너지들을 끌어들이면서 본래의 성질을 잃어버리고 악의처럼 변하게 됩니다. 그러니 루밍 님, 분노한 자신에게 '이러면 안 돼!' '네가 정말 싫어!'라고 말하지 마시고, '많이 힘들지?' '뭐가 문제니?' '왜 그렇게 화가 났니?'라고 물어봐 주세요. 그러면 마음속에서 대답이 떠오를 것입니다. 그 대답을 듣고 또 다른 질문을 이어 가세요. 분노하는 자아가 하는 말을 글로 써 보셔도 좋습니다.

　그것이 바로 의식화입니다. 무의식적 존재들을 의식의 장으로 초대해서 그들을 낱낱이 이해하는 것이지요. 무엇보다 그런 태도가 내면인격의 주인으로서 당신이 보여야 할 태도입니다. 분노를 주인으로 삼지 마세요. 어른스럽게 분노에게 물으시고, 또 담당 의사 선생님에게도 물으세요. '제 병명에 대해서 확실히 알고 싶어요. 그 병에 대해 고정관념을 갖지 않고, 철저히 공부해서 벗어나도록 노력해 볼게요' 하고요.

　명심하세요. 당신의 분노는 원래 괴물이 아니었습니다. 처음에는 생존에 대한 욕구였을 거고, 당신의 고통을 줄여 주고자 노력했을 겁니다. 그런데 당신은 나쁜 사람이 되지 않으려고 그 의도를 외면했을 겁니다. 지금은 그 모습이 흉포해 보여도, 처음에는 선한 의도가 있었을 거라는 말입니다. 당신이 그에게 부여한 '괴물'이라는 오명을 벗기 위해 괴물처럼 화를 내는지도 모릅니다. 그러니 끈질기게 대화해서 처음의 선한 의도를 그가 되짚을 수 있게 해 주세요. 그를 충분히 이해해 주시고, 그동안 애썼다고, 고맙다고, 이제는 더 이상 긴장하지 않아도 된다고 다독여 주세요. 그렇게 하신다면 분노는 점차 트라우마를 극복하는 힘으로 바뀔 것입니다.

타인에 대한 강박은
바로 나를 향한 것

저는 엄한 선생입니다. 제 아이에게도 단호하고요. 칭찬보다는 더 큰 성장을 위해 더 크게 볼 것을 요구하거나, 강요하기도 합니다. 얼마 전 우연히 글을 읽었는데 부모 없이 혼자 큰 경우나 일찍 자립한 경우는 심리 상태가 아이였을 때로 남아, 그런 부분이 자기 아이에게 강요될 수 있다 하더라고요. '나도 했는데 넌 왜 안 돼? 너도 할 수 있어….' 혹시 내 아이에게, 가르치는 아이들에게 단호하고 강한 잣대를 들이대는 건 이런 심리가 아닐까? 내가 더 부드러워지고 칭찬을 많이 하면 더 크게 키워질 아이들이지 않을까? 요샌 그런 생각을 하며 조금씩 바꿔 보려고 노력 중이긴 합니다.

고2 때 엄마가 갑자기 집을 나갔고 그 뒤로 참 많이 힘들었습니다. 의지하던 큰 산 하나를 한순간 잃고 할아버지 댁에 얹혀살고 하숙집에서도 살며, 남 눈치를 정말 많이 보기 시작했습니다. 꺼억꺼억 소리 내어 우는 일도 많아지고 세상을 비관적으로 보게 됐습니다. 엄마가 떠나기 전, 만나던 아저씨가 있었고 그가 저에게 성추행을 했습니다. 그는 아니라며 당당했고 박차고 나가는 그 남자의 팔을 엄마는 붙잡았습니다. 어미로서 할 짓이 못 되지요. 그래서 뉴스에 딸 성폭행한 동거남 편을 드는 미친 엄마의 이야기가 나와도 새삼 놀랍지는 않습니다.

엄마가 집을 나가고 10년. 저는 입 밖으로 '엄마'라는 단어를 뱉어 보지 못했습니다. 그만큼 아주 많이 힘들었으니까요. 남자친구한 테 의지하고 기대고 나쁜 사람들도 만나고, 엄마 없는 허전함과 외로움이 남자에 대한 집착으로 이어지기도 했습니다. 되게 비관 적이기도 했다가 무척 우울하기도 했다가 폭식도 했다가 약도 먹 고…. - 삼공일

●●

그렇게 엄마와 헤어지고 10년 동안 '엄마'라는 말을 입 밖에 내 지 못했다니 그 아픔이 얼마나 깊고 컸을지 저는 짐작도 할 수 없습 니다. 세상에는 부모 자격 없는 이들이 참 많습니다. 삼공일 님, 딸로 서 엄마를 절대 용서하지 마세요.

그래도 기적적인 것은 당신이 그런 어려움 속에서도 잘 자라 아이들을 가르치는 교사가 되었고, 무엇이 아이들에게 좋은 교육일 까 고민하는 어른이 되었다는 사실입니다. 사연 글을 읽어 보니 10대 후반부터 혼자 여기저기 옮겨 다니며 살아 내신 것 같습니다. 홀로 남겨진 여자아이에게는 외로운 일도, 위험한 일도, 서러운 일도 참 많았을 겁니다. 그 시절, 삼공일 님은 자신에게 무척 엄격한 아이였 을 겁니다. 잔소리해 주는 부모가 없으니 스스로를 채찍질하며 살았 겠지요. 나이에 어울리지 않게 인내하고 절제하고 노력했을 겁니다.

그러니까 당신은 생존의 방식으로 엄격한 내면인격을 발달시

켰을 겁니다. 내면인격 이론에 따르면 우리 내면엔 다양한 자아가 존재합니다. 예의 바른 자아, 반항하는 자아, 성실한 자아, 게으른 자아, 슬퍼하는 자아, 비판자나 엄격한 자아 등이 그것입니다. 그 자아들은 각각 자기 역할이 있어서 평소에는 일시적으로만 모습을 드러냅니다. 하지만 삶의 위기 국면에서는 보다 강한 자아가 전면에 나서 오랫동안 활동하게 됩니다. 그 과정에서 강한 자아와의 동일시가 일어납니다.

다시 말하지만 삼공일 님은 생존을 위해 일찍부터 엄격한 자아를 발달시켰을 거고, 그 인격이 세상을 헤쳐 나가도록 했을 겁니다. 삼공일 님이 아이들에게 엄한 선생님이라면 엄격한 자아가 여전히 당신 내면에서 강한 목소리를 내고 있는 것입니다. '열심히 해. 최선을 다하라고. 너의 장래를 위해서 현재를 희생해. 고생을 두려워하지 마. 징징거리지 마. 변명하지 말라고' 같은 말을 아이들에게 하시나요? 그렇다면 당신 자신에게도 강박적으로 그런 잔소리를 해 왔을 가능성이 큽니다. 우리가 주위 사람들에게 반복해서 힘주어 말하는 것이 사실은 나 자신에게 되뇌는 독백의 내용인 경우가 많답니다.

어떤 순간에는 엄격한 자아가 도움이 됩니다. 그로 인해 내가 좀 더 발전하고 유능해질 수 있으며, 주위의 인정을 얻을 수도 있으니까요. 하지만 그가 너무 오래 우리를 장악하게 되면 우리는 점차 생명력을 잃고 우울해집니다. 우리 내면의 모든 흐름을 가로막고 통제하게 되니까요.

삼공일 님, 당신에게는 더 이상 엄격한 자아가 필요하지 않습니다. 이제는 엄격함이 아니라 안도감과 행복감이 필요한 시간입니다. 그 지난한 젊은 날을 살아서 통과했고, 지금은 선생님으로서, 그리고 아이의 엄마로서 살고 있다는 사실에 안도하고, 기뻐해야 할 때라는 것입니다. 이제 엄격한 자아는 자신의 역할을 마치고 무대에서 내려가 쉬어야 할 때입니다.

당신에게는 따뜻한 위로와 극진한 치유가 필요합니다. 지난 시절 놀라고 아팠던 마음을 털어놓고 위로받는 시간 말이지요. 아무리 위대한 생존자, 인생의 영웅이라고 해도 남겨진 상처는 있게 마련입니다. 때론 그 상처가 곪아 치명적인 상태가 될 수도 있으니 유의해야 합니다. 상담이나 다양한 치유 프로그램에 참가해 아픔을 드러내고 위로받으세요. 또 좋아하는 취미에 몰입해 자신을 즐겁고 행복한 상태로 만들어 주세요. 생존의 위협을 느끼는 시간은 이미 지나갔으며, 당신은 안전한 상태라는 사실을 몸으로 마음으로 실감하세요. 그렇게 노력하다 보면 아이들에 대한 엄격한 태도는 자연스럽게 조정될 것입니다. 의식적으로 애쓰지 않아도 말이지요.

그리고 당신의 과거를 전혀 다른 시각으로 바라보세요. 그 시간은 비극의 시간이 아니라 버림받음, 고독이라는 괴물과 싸운 영광의 시간입니다. 비극의 노래를 부를 것이 아니라 영웅담을 이야기해야 할지도 모릅니다. 당신이 그 시절을 어떻게 살아 내고 여기까지 왔는지 그 멋진 이야기를 나는 듣고 싶습니다.

용서에도
준비가 필요하다

작년부터 일을 다시 하게 되어 친정부모님이 아이들 하교 후 돌봐 주고 계십니다. 얼마 전 친정 근처로 이사하게 되었고, 낮 동안 아버지께서 손수 집안을 정리해 주시기도 합니다. 그런데 어제 저녁을 먹고 있는데, 당신이 오늘 하루 했던 일들을 알아주기 바라셨나 봐요. 기사가 와서 에어컨 설치한 것, 제가 요청하지도 않은 식기 선반 달아 주신 것과 저희 집 가구 리폼한 것을 보여 주십니다.

감사한 일이나, 저는 사전에 아무 알림도 없이 그렇게 하신 게 못마땅했어요. 특히 가구 리폼은 제 의도와 너무 다른 방향으로 하셔서 밥 먹다 무심결에 투덜댔지요. 그랬더니 대뜸 버럭 소리를 지르셨습니다. "고맙다, 수고했다 해야지, 넌 왜 내가 도와준 일에도 늘 시비냐!" 하시면서요. 밥 먹다가 어이가 없었죠. 내 살림인데 물어보지도 않고 아버지 맘대로 하시니 말씀드린 거라 했더니, 신발을 식탁 위로 집어던지며 "넌 나쁜 새끼다! 네 자식들도 버릇이 없는데, 다 네 탓이다!" 하며 광분하시더라고요. 저도 순간 너무 화가 나서 젓가락 내려놓고 "네, 저는 나쁜 새끼 맞습니다. 아버지는요? 아버지는 좋은 아버지인가요?" 하며 또 강을 건넜습니다.

아이들은 거실에서 오순도순 놀다가 또 올 것이 왔다는 듯 자기들 방으로 피하더라고요. 어머니가 보다 못해 아버지더러 집에 가자고 재촉하시니 나가시는 길에 저희 아이들 방으로 가서 "나 내일 안 올 거다! 니들 알아서 해라!" 하시네요. 늘 하시듯요. 제가 어릴 땐 그렇게 엄마에게 폭언과 폭행을 일삼아 우리를 공포에 몰아넣더니, 이제 그 공포를 제 아이들에게도 대물리시려나 봅니다.

아버지가 평생 제 삶을 존중하지 않고 본인 뜻대로만 조정하려는 게 너무 속상합니다. 저를 도와주시려는 마음은 감사하지만 자꾸 분노가 치밀어 올라 관계가 꼬이는 것 같아 너무 속상하고 슬픕니다. 그리고 제 아이들도 저처럼 마음의 상처를 갖게 된 것 같아 너무 후회되고 비통합니다. - 캐더린

● ●

어린 시절 아버지의 폭력적인 모습을 잊지 못하며 평생 분노에 시달리는 딸들이 참 많습니다. 잊으려 해도 잊히지 않으니 성장해서도 아버지가 용서되지 않습니다. 돈 리처드 리소와 러스 허드슨이 함께 쓴 세계적인 저서 『에니어그램의 지혜』에는 이런 말이 나옵니다.

"우리는 사랑하기를 결정할 수 없는 것처럼 용서하기를 결정할 수 없다. 용서는 우리가 자신의 분노, 미움, 적개심, 복수하고 싶은 욕망을 완전히 경험한 후에 ― 그러한 충동을 행동으로 옮기지 않고 ― 일어난다."

용서의 마음은 내가 마음먹은 대로 만들어 낼 수 없는 것이며, 상대에 대한 부정적인 감정을 충분히 경험한 뒤에야 비로소 용서할

수 있게 된다는 말입니다.

미움과 원망의 감정을 충분히 느낀다는 건 생각보다 고통스러운 일입니다. 부정적인 감정은 그 자체로 에너지를 소모하는 데다 상대가 가족이라면, 게다가 그가 화해의 제스처를 보이는 중이라면 죄책감까지 더해져 복잡하고 불쾌하기 그지없는 감정이 됩니다. 그렇더라도 저는 가능한 한 자기비난 없이, 그 감정을 충분히 느끼시라고 권합니다. 이미 생긴 감정은 내 의식으로 어쩔 수 없습니다. 우리는 감정이 사라지게 강제할 수 없고, 다만 바라볼 수 있을 뿐입니다. 그러니 분노를 없애려는 무모한 노력을 포기하시고, 그 분노를 온전히 느끼세요. 다만 주의해야 할 것이 있는데, 위에서 언급했듯이 부정적인 감정을 경험하시되 '행동으로 옮기지 않는다'는 점입니다. 행동으로 옮기면 다시 불화가 발생할 것이고, 그러면 트라우마를 재경험하면서 상처는 더욱 깊어집니다.

사실 저는 부녀간 싸움의 원인이 당신의 분노에 있지 않고, 아버지를 대하는 당신의 모호한 태도에 있다고 생각합니다. 캐더린 님은 얼마 전 친정 근처로 이사 가서 부모님의 도움을 받기로 했으며, 특히 아버지가 당신의 살림살이에 깊이 개입하도록 허용한 것 같습니다. 그런 당신의 태도가 아버지를 혼란스럽게 만들었을 수도 있겠네요. 이를테면 내 살림의 어떤 것도 건드리지 말라는 식의 명확한 경계선 긋기 없이 아버지가 당신의 살림에 개입하게 하고, 나중에 불평하는 방식으로 말이지요.

인간은 행복하기를 갈망하면서도 불행했던 경험을 자꾸 반복하려는 무의식적 경향성을 보입니다. 이것을 프로이트는 '반복 강박'이라고 일렀습니다. 어린 시절 경험한 갈등이나 충격을 꿈이나 일상에서 반복한다는 것입니다. 물론 반복 강박의 심층에는 과거의 고통을 극복하려는 목적성이 잠재해 있다고 하지요. 반복하는 과정에서 충격을 감당할 수 있을 만큼 의식이 준비하게 된다는 것이지요.

하지만 고통의 당사자였던 아버지와 맞서려는 시도는 위험합니다. 우리 마음속에서 아버지는 막강한 존재이며, 아버지를 극복하려는 시도는 실패로 끝나기 쉽습니다. 그렇게 되면 상처 입은 내면의 희생자 모드만 강화되겠지요. 심지어 당신은 아이들마저도 할아버지의 희생자라고 생각합니다. 애초 의도가 사랑의 희구였든 미움의 결과였든 쓰디쓴 과거의 감정을 반복하면서 상처만 더 깊어질 겁니다.

캐더린 님, 당신의 분노가 아직 살아 있음을 자각하고 인정해 주세요. 그리고 일상생활에서 아버지와 거리 두기를 시도함으로써 분노가 행동으로 옮겨 가지 않도록 주의하세요. 당신의 집을 전적으로 부모님에게 맡기지 마시고, 아버지가 함부로 당신의 살림에 개입하지 않도록 경계를 명확히 하세요. 무엇보다 아버지가 당신의 삶을 존중해 주는 것이, 당신이 아버지에게 가장 원하는 것임을 분명히 말씀하세요. 그러는 사이 분노가 잦아들고 천천히 용서의 마음이 당신의 가슴에 찾아들 것입니다. 용서가 자연스럽게 이루어질 수 있도록 기다려 주세요.

피해의식은 상대의 칭찬과 인정을
갈구한다

사회생활을 일찍 시작한 남친은 30대 중반이 되기까지 너무도 다양한 일들을 경험하고 느꼈기에 본인의 생각이 99% 맞다고 확신하는 사람입니다. 저는 이런 남친이 처음에는 멋지고 당당하다고 생각했지만, 시간이 갈수록 서로 의견 차이가 생길 때마다 대화 시간이 길어져 너무 힘이 듭니다.

지나고 보면 정말 아무 일도 아닌 얘기로 대화가 시작됩니다. 예를 들어, 남친은 파스타 잘하는 여자가 좋은데 제가 맛있게 못 만들었어요. 그럼 맛이 없다는 얘기를 돌려서 얘기합니다. 그러고선 안 먹죠. 후에 이 일로 얘기하다가 '그때 나는 짜증나고 화나고 속상했다. 처음부터 잘하지 왜 내가 그런 생각을 하게 했느냐'라고 말해서, 제가 '결과보다 과정이 중요하지 않느냐. 요리를 해 주는 것이 고맙지 않느냐'고 물으면, '하나도 고맙지 않다. 재료가 낭비된 것이 아니냐'는 식으로 얘기합니다.

남친은 뭐든지 잘하는 여자가 이상형이라 했습니다. 제가 그런 이상형이 아니라 나름 노력하는 모습을 보이긴 해도 맘에 안 드는 것이겠지요. 그래서 말다툼을 하거나 제 의견을 얘기하면 언제나 기승전'패'입니다. 대부분 제 말이 틀리다고 합니다. 그러면서 답답하다, 속상하다, 다 후회된다는 말을 합니다. 제가 부족한 탓에 저의 죄책감을 이용해 저를 통제하는 것 같다는 생각도 들고요.

중간에 이별할까 생각도 해 보았습니다만 그러기엔 서로 좋은 마음이 많아 다시 조율했습니다. 하지만 계속 이런 상황인 우리는 어떻게 해야 할까요? 정말 헤어지는 것이 답일까요? - 풀꽃

● ●

상대를 만족시키거나 도움 주는 걸 유독 좋아하는 분들이 있습니다. 상대의 기대에 부응하기 위해 애쓰는 일을 마다하지 않으며, 상대에게 필요한 것을 얼른 알아채서 준비해 줍니다. 풀꽃 님의 사연을 읽으니 문득 그런 유형의 사람들이 떠오르네요.

친절한 사람과 함께 있으면 좋기도 하고 싫기도 합니다. 나의 편의를 우선으로 생각해 주는 건 참 좋은 일이지만, 그들이 제공하는 친절에는 대부분 상응하는 대가가 청구된다는 점에서 불편합니다. 그들은 상대가 감사와 고마움을 표현해 주기를, 자신의 친절로 상대에게 사랑받기를 원합니다. 오로지 상대의 호의적인 반응에서 자신이 한 행동의 가치를 실감하기 때문입니다. 무엇보다 이들에게는 친절에 대해 자기도취적인 면이 있어서 자기 식대로 친절을 베풀면 당연히 상대가 고마워할 거라고 기대합니다.

그런데 명심해야 할 점이 있습니다. 현대인들은 예의 바르게 행동하는 일에 상당히 지쳐 있다는 것을요. 매너와 예의를 지키는 것도 일종의 감정노동과 같아서, 자신이 느끼지 않는 감정을 억지로 표

현하는 데서 오는 감정의 부조화를 경험합니다. 고맙지 않지만 진심으로 고맙다고 말해야 하는 것, 별 도움이 되지 않았지만 큰 도움이 되었다고 말해야 하는 일에 말입니다. 그래서 나중엔 정말 고마운 일이 있어도 진심을 표현하는 일이 힘들어집니다. 긍정적인 감정이 위선과 뒤섞여 오염되었고, 너무 많은 인사치레에 지쳐 버렸으니까요.

풀꽃 님! 남친이 지나친 원칙주의자일 수는 있지만, 그렇다 해도 감사를 강요할 수는 없는 것 같습니다. 감사의 마음은 논리적 생각이 아니라 자연스럽게 우러나는 감정입니다. 감정은 강요할 수 없습니다. 솔직한 마음을 억누르고 가짜 감정을 말해야 할 때, 내면에서는 그만큼의 분노가 생긴답니다. 그러니 더 이상 남친의 평가를 갈구하며 그의 태도에 일희일비하지 않았으면 좋겠습니다.

풀꽃 님! 남친이 감사하게 생각할 일을 하지 마시고, 당신이 좋아하는 일을 하세요. 남친과 상관없이 당신이 좋아하는 일은 무엇입니까? 파스타를 만드는 일이 당신에게도 즐거운 일인가요? 당신이 좋아하지 않는 일을 하면서까지 그에게 맞추려고 하지 마세요. 하기 싫은 일을 억지로 할 때 그만큼의 피해의식이 내면에 쌓이고, 그 피해의식이 바로 상대의 칭찬과 인정을 요구합니다.

여성들이 당당한 남성에게 매력을 느끼게 되면 대부분 그가 당당함을 계속 유지할 수 있도록 지지하고 도우려고 마음먹습니다. 그렇게 주인공과 조력자의 관계가 만들어지는 것입니다. 하지만 안타깝게도 당당한 남성들은 자신이 그렇게 되기까지 수많은 조력자가 있었으며 그 조력자들이 사랑받기 위해 남모르게 마음 태우고 있다는 사실을 알지 못합니다. 자신의 재능이 모두 자신에게서 나왔다고 믿기 때문입니다.

당신의 남친 역시 그렇게 당당하면서 무심한 사람인가 봅니다. 뭐든지 잘하는 완벽한 여자가 이상형이라고 여친에게 간 크게 밝히는 걸 보면 말이지요. 추측건대 당신은 그런 남친의 이상형에 부응하려고 애쓰고 있고요. 이런 관계에서는 풀꽃 님이 계속 위축될 수밖에 없고, 동등한 동반자로서의 관계는 더더욱 어렵습니다.

하지만 당신이 알아야 할 게 있습니다. 경험 많고 당당한 남친의 태도에 매력을 느꼈다면 분명 당신 안에도 지혜와 당당함이 잠재해 있을 겁니다. 상대의 장점은 비슷한 장점을 가진 사람만 알아볼 수 있다는 사실을 명심하세요. 이제 더 이상 그의 매력에 의존하지 마시고 당신 내면의 보석을 발견하고 그걸 드러내세요. 그의 인정을 받으려고 애쓰지 마시고 당신이 스스로를 당당하게 인정하세요.

그와 헤어질까를 고민하기보다 먼저 당신이 그 앞에서 당당하게 자신을 지키는 법을 찾아보세요. 논리로 그와 논쟁하지 마세요. 우리의 욕구와 느낌, 감정 등은 이성이나 논리로 설명할 수 있는 차원이 아니며 이성이나 논리보다 저급한 차원이 아닙니다. 자신의 욕구와 느낌을 있는 그대로 표명하세요. '나는 내 의도를 높게 평가해주는 사람이 좋아. 난 그런 사람이야. 난 당신이 친절할 때 행복해져, 그냥 난 그래'라고 말입니다. '당신의 논리는 반박하지 못하겠지만 인정하긴 어려워. 왠지 모르겠지만 그냥 그래'라고 말해도 좋습니다. 마치 당신의 남친처럼 당당하게 말이지요. 그렇게 그 앞에서 자신을 있는 그대로 인정하는 것부터 시작하세요.

편지 쓰기

죽도록 미운 누군가에게 부치지 않을 편지를 써 보세요. 편지를 부치지 않는다는 건 당신이 하고 싶은 말을 실컷 해도 된다는 말입니다. 저주의 말과 욕설이 난무해도 괜찮습니다. 그러면서 자신의 분노와 미움이 어느 정도였는지 알아차리면 됩니다.

쓰다 보니 기분이 더 나빠진다고 중간에 그만두지 마세요. 하고 싶은 말을 끝까지 해 보세요. 15분 이상 쉬지 않고 쓰세요. 며칠에 걸쳐 써도 됩니다. 그러면 점차 기분이 개운해지는 것을 느끼게 됩니다.

_____

_____

_____

_____

_____

_____

_____

_____

빈칸 채우기

편지를 다 쓰면 글의 끝에 다음의 문장을 추가하세요. 그러면 당신이 애초에 왜 화를 냈는지 알게 될 겁니다. 제시된 문장은 얼마든지 고쳐 쓸 수 있습니다.

· 당신 때문에 내가 잃은 것은 _____ 이에요.

· 나의 _____한 욕구가 좌절됐어요.

· 내가 당신에게 원하는 것은 _____이에요.

· 나의 행복을 위해 _____ 해 주세요.

책읽기

다락방 속의 자아들
: 누가 내 삶을 몰래 살아가고 있는가

할 스톤, 시드라 스톤 지음 / 안진희 옮김 / 정신세계사

내 속에 내가 너무 많다고 느낀다면 이 책을 권한다. 이 책은 내면아이
를 넘어서 다양한 내적 자아들에 대해 이야기한다. 우리 안에는 상처
입은 아이만 존재하는 게 아니다. 내 존재를 주로 통제하는 자아, 나를
비난하고 촉구하는 자아, 화내고 우울해하거나 소외당해 침묵하는 자
아들까지 다양한 내면인격에 대해 이해할 수 있다.

이 과정에서 당신은 자신을 어느 하나의 인격과 동일시하며 지나치게
작고 왜곡된 자기를 경험해 왔다는 사실을 깨닫게 될 것이다.

2장

비난
금지

" 자신의 문제를 수치스러워 하면, 그래서
자신을 비난하면 결코 문제를 해결할 수 없습니다. "

셀프 디스와
죄의식

3박4일의 자애명상 프로그램에 참여했을 때입니다. 이틀째 되던 날 나는 문득 나를 대하는 습관적인 태도 한 가지를 기억해 냈고 그 것이 나를 오랫동안 가슴 아프게 했다는 사실을 깨달았습니다. 특별한 건 아니었습니다. 장난스러운 '셀프 디스' 같은 것이었지요. 외모에 대한 일종의 자학개그도 있었고, 사람들과의 분위기를 풀어 보려는 의도로 '난 정말 바보 같아. 나는 도대체 왜 이렇게 한심하니?' 하면서 너스레를 떠는 그런 종류의 것이었어요. 주위 사람들은 그런 나를 재미있어 했고 나는 내 유머감각에 자부심을 가지고 있었습니다.

그런데 명상과정에서 알게 되었습니다. 관계의 기술로 자주 사용했던 그 자학개그가 내 스스로를 희생시킨 결과였다는 사실을. 내가 구사한 유머가 다른 사람들에겐 즐거움이었을지 몰라도 내 마음에는 무수한 모욕감과 상처를 남겼다는 사실을. 그 사실을 깨달으면서 눈물이 쉴 새 없이 흘렀습니다. 몇 시간을 그렇게 말없이 울었습니다. 그리고 다짐했지요. 다른 이에게 그러려고 애쓰는 것처럼 나 자신에 대해서도 털 끝 하나 함부로 건드리지 않겠다고 말입니다. 물론 아직도 나를 저평가하는 습관을 완전히 버리지는 못했습니다. 하지만 이제는 그런 나를 알아차리면서 내 행동을 멈춥니다.

자신을 함부로 대하는 사람들이 있습니다. 다른 사람을 미워하는 것에는 죄책감을 느끼면서도 자신에 대해서는 함부로 조롱하고, 비난하고 미워합니다. 내가 자기비난에 빠진 사람들에게 이제 자신을 그만 미워하라고 말해 주면 그렇게 용인해서는 발전이 없을 거라며 불안해합니다. 그런데 자신을 미워하는 것이야말로 자신의 발전을 가로막는 가장 큰 방해요소입니다.

『놓아버리기』의 저자 아잔 브람은 세계적인 불교명상 안내자입니다. 그는 수행의 가장 큰 장애물을 '자기 자신에 대한 악의'로 꼽습니다. 그가 말하는 악의는 죄의식입니다. 우리는 행복하기 위해 수행하면서도 죄의식과 자기의심, 자기비난 때문에 수행의 진전 앞에서 머뭇거리며 고통에 집착합니다. 아잔 브람은 우리에게 자신에 대한 악의를 거두는 방법을 알려 줍니다. 거울 앞에서 자신을 바라본다고 상상하면서 다음과 같이 자신에게 자비와 사랑을 보내라는 것입니다.

"나는 나 자신이 잘되기를 바랍니다. 나는 이제 나 자신에게 행복이란 선물을 줍니다. 너무 오랫동안 내 가슴의 문은 나에게 닫혀 있었습니다. 나는 지금 그 문을 엽니다. 내가 과거에 무엇을 했든 미래에 무슨 짓을 하든 나 자신의 사랑과 존중으로 들어가는 문은 항상 나에게 열려 있습니다. 나 자신을 조건 없이 용서합니다. 집으로 오세요. 나는 이제 판단하지 않는 사랑을 자신에게 줍니다. 나는 나라고 불리는 연약한 존재를 돌봅니다. 나는 자애로 나의 모든 것을 감쌉니다."

아잔 브람의 말처럼 내가 과거에 무슨 짓을 했든 미래에 무슨 짓을 하든 나를 조건 없이 용서하고 사랑하는 것, 그것은 나를 성장시키는 데 있어 가장 필수적인 요소입니다. 변함없이 나를 믿고 사랑해 주는 존재 앞에 있을 때 우리는 자기방어를 내려놓고 스스로를 성찰할 수 있게 됩니다. "괜찮다. 내 탓이 아니다. 아니, 내 탓이라고 해도 괜찮다. 그래도 나는 '나 자신을 외면하지 않고 따뜻하게 대해 주겠다'"라고 말해야 합니다. 우리의 허물을 인정할 뿐 아니라 그 허물 때문에 전전긍긍하는 나를 연민으로 바라보아야 합니다.

'흰곰' 실험

1장에서 나는 자신을 이해하기 위해서는 자신의 그림자, 또는 숨겨진 의도와 욕구처럼 내면에 존재하는 불편한 진실을 알아야 한다고 말했습니다. 하지만 여기서는, 그럼에도 불구하고 당신은 괜찮다고, 충분히 그럴 수 있다고 말할 것입니다. 이중적인 모습이 자연스러운 것입니다. 존재는 필연적으로 빛과 그림자를 가지기 때문입니다.

사람들은 빛으로만 존재하기를 바랍니다. 완벽하게 착한 사람, 멋진 사람, 유능한 사람이 되고 싶어 하며 조금의 그림자도 용납하려 하지 않습니다. 그런데 명심할 게 있습니다. 내가 선하고자 할 때 내면에서 악한 마음이 생겨난다는 것을. '절대로 질투 같은 건 하면 안돼!' 할수록 내면에선 질투심이 요동쳐 뜻하지 않은 곳에서 이상한 말과 행동을 하게 된다는 것을 말입니다. 빛이 비쳐지면 그림자가 드리우는 것처럼, 동전의 앞면이 있으면 반드시 뒷면이 존재하는 것처럼 내면의 긍정성은 필연적으로 부정성을 그 뒷면으로 합니다. 우리는 선하면서 동시에 악합니다. 긍정성을 지향할수록 부정성이 강해집니다.

다이어트에 요요현상이 있다는 건 아주 잘 알려진 사실입니다. 우리 마음에도 그것이 있어, 질투를 제거하려 하거나 분노와의 전쟁을 선포하면 부정적인 감정은 더 강렬해집니다. 의지의 힘으로 잠시 억누르는 데 성공했다고 해도 방심한 사이, 또는 억누르다 힘이 고갈돼 지쳐 있을 때 그 감정은 더 강하게 밀려옵니다. 그럴 때 우리가 느끼는 무력감과 자괴감은 말로 표현하기 힘들지요.

실제로 미국의 사회심리학자 다니엘 웨그너가 '사고억제이론'에서 비슷한 주장을 했습니다. 그는 아주 흥미로운 실험을 했습니다. 즉 한 집단에는 '흰곰'에 대해 절대 생각하지 않도록 주의를 주고, 또 다른 집단에는 어떤 제한도 주지 않고 생각하게 한 뒤 두 집단 모두에게 자신이 떠올린 것을 자유롭게 말하게 했습니다. 그랬더니 흰곰을 생각하지 말라고 주의를 준 집단이 흰곰에 대해 훨씬 더 많이 언급했습니다. 이 실험은 우리가 우리의 마음을 통제할 수 없을 뿐 아니라 역효과만 경험하게 된다는 사실을 보여 줍니다.

자신의 부정성을 인정할 수밖에 없는 막다른 상황에 몰릴 때가 있는데 대부분 사랑하는 가족, 그중에서도 아이들에게 그 감정을 드러낼 때입니다. 어머니와 다르게 정말 멋진 엄마가 되고 싶었는데 아이에게 무섭게 화내는 자신을 발견하면서 엄마는 경악합니다. '나에게 이런 짐승 같은 면이 있다니, 도대체 이게 뭐지?' 하는 마음이 되는 거지요.

대부분의 엄마들이 그 폭력성을 고쳐 보려고 남몰래 전전긍긍합니다. 그러나 잘 되지 않을 겁니다. 악쓰며 우는 아이를 매질로 통제할 수 없는 것처럼 내 마음도 그렇습니다. 아무리 자책하고 스스로를 벌주어도 내면의 화는 줄어들지 않고, 아이와의 관계도 나아지지 않습니다. 아니, 점점 더 심해질지도 모릅니다. 자기를 비난할수록 내면의 분노가 커지기 때문이지요. 존재의 빛과 그림자가 이처럼 필연적이라면 우리는 우리의 부정성에 대해 함부로 비판하거나 비난할 수 없습니다.

부정성
인정하기

우리에게 필요한 것은 자신의 부정적인 측면을 억압하는 게 아니라 조절하는 능력입니다. 부정성이 극단적으로 강해지지 않도록 그것의 존재를 인정해 주는 게 필요합니다. 부정성을 억누르기보다 훌륭한 사람이 되려고 지나치게 욕심 부리지 않는지 스스로를 돌아봐야 합니다. 다시 말하지만 완벽하게 좋은 사람이 되려고 할수록 부정적 측면이 강해져 통제할 수 없는 상황에 이르기 때문입니다.

부정성을 적절히 조절하기 위해서는 자기비난에 무척 신중해야 합니다. 특히 심리적 치유의 과정에 있을 때는 자신의 문제를 섣불리 판단하거나 비난하지 않는 게 가장 중요합니다. 심리학 관련서적을 읽거나 강의를 들을 때 사람들은 야단맞는 기분을 느끼곤 합니다. 내면의 부정적 특성을 거론하는 것 자체가 비난으로 느껴지는 우리의 마음, 즉 죄의식 때문일 테지요. 하지만 심리학은 당신을 비난하는 이론이 아닙니다. 심리학이 우리의 심리적 문제를 다룰지라도 우리를 문제시하면서 야단치려는 게 아닙니다.

질투를 느끼는 사람에게 '질투를 느껴선 안 돼죠'라고 말하지 않습니다. 분노가 많은 사람에게 '그런 분노를 느끼다니 어쩌려고 그래요?'라고 탓하지 않습니다. 누구보다 그들이, 질투하고 화내느라 힘듭니다. 가장 고통받는 건 그들 자신이지요. 그동안 수없이 전전긍긍하며 자책했을 테니까요. 그래도 해결되지 않아서 상담실의 문을 두드리고 인터넷을 검색하며 해결방법을 찾고 있었을 겁니다.

그저 상담자는 '당신이 질투를 느끼는군요'라고 알려 줄 뿐입니다. '당신 안에 분노가 있는 걸 알고 있나요?' 하고 일깨워 줄 뿐입니다. '당신 이에 치석이 있어요'라고 말하는 치과의사처럼 말이지요. 틀림없이 상담자도 질투와 분노를 경험해 봤을 겁니다. 그래서 누구에게나 으레 있는 그것, 그것이 발견됐음을 알려 줄 뿐입니다.

심리적으로 성숙한 사람은 문제가 없는 사람이 아니라 자기 문제를 누구보다 많이, 잘 알고 있는 사람입니다. 그러려면 심리적 문제에 대한 거부감이 없어야 합니다. 실제로 마음공부에 전념하는 사람들은 중독적이라고 할 만큼 내면의 숨겨진 문제를 찾는 데 몰두합니다. 보다 근원적인 문제가 발견될 때마다 외칩니다. '오, 또 한 건 올렸어~!' 하는 심정으로, 그리고 불타는 호기심으로 그 문제를 탐색합니다.

만약 당신이 어떤 심리적 어려움을 가지고 있다면 '그래도 괜찮다'고 스스로에게 말해 주어야 합니다. 치유는 바로 거기서 시작됩니다. 자신의 문제를 수치스러워하면, 그래서 자신을 비난하면 결코 문제를 해결할 수 없습니다. 문제를 수치스러워하면 문제를 똑바로 보기 어렵기 때문입니다. 문제의 얼킨 실타래는 상당한 집중력을 필요로 하는데, 자기혐오와 자기비난이 있다면 고통 때문에 그 실타래를 제대로 볼 수 없게 됩니다.

그러니 자신을 통제하는 데 실패했다고 낙담하거나 자책하며 괴로워하지 마세요. 화가 폭발하거나 마음이 바닥으로 내려앉아 손가락 하나 까딱하기 싫을 때, 그리고 비참하거나 수치스러워 몸 둘 바를 모를 때, 위선적이거나 미숙한 자신의 모습에 염증이 나 있을 때도 이러는 내가 싫다고 진저리치지 마세요. 그냥 그렇게 할 수밖에 없는 자신을 연민 가득한 시선으로 바라보십시오. 지금의 상태에서 벗어나겠다고 발버둥 치던 노력을 포기하고 그러고 있는 자신을 그저 경험하십시오.

그러면서 스스로에게 마음으로 말해 보는 겁니다. '너 정말 힘들겠다. 참 안쓰럽다'라고. 그러면 맥이 빠지면서 눈물이 나올지도 모릅니다. 엉엉 소리 내 울게 될 수도 있습니다. 좋은 징조입니다. 긴장과 자기방어의 에너지가 빠져나가기 시작하는 거니까요. 나 자신에게 위로의 편지를 써도 좋습니다. 여러 번 그런 상황을 반복하게 되면 자신이 자신에게 사랑받는다는 느낌을 경험하게 됩니다.

부정성이 가진 선한 의도를 이해하는 것도 부정성의 강도를 조절하는 데 중요합니다. 역설적이게도 부정적인 특성들은 나를 괴롭히기 위해 찾아온 것이 아니고, 나를 돕기 위해 내면에서 강구되었습니다. 분노는 외부로부터 나를 보호하기 위해 생겼고, 불안은 위험에 적극적으로 대처하게 하려는 경고음입니다. 질투는 자신에게 발전과 성장의 욕구가 있음을 알려 줍니다. 당신이 그토록 혐오하던 내면의 부정성은 자기사랑의 의도로 시작된 것입니다. 당신이 그들을 수치스러워하거나 억압하지 않는다면 그들은 적절히 자기 역할을 해낼 겁니다.

이처럼 우리가 자기비난에서 벗어날 때 부정성의 역할과 의미를 충분히 이해하게 됩니다. 사실은 '부정성'이라는 표현조차 어폐가 있다는 사실을 알게 됩니다. 부정성에는 나쁜 것이라는 가치판단이 포함되어 있기 때문이지요.

이 장에서는 자신의 태도나 행동이 마음에 들지 않아 괴로워하는 사람들의 사연을 소개합니다. 그들에게 말해 주고 싶습니다. 괜찮다고, 아무래도 괜찮다고. 나를 끝까지 지지해 주겠다고 자신과 약속하라고 말입니다. 그러면 알게 될 것입니다. 당신이 생각보다 괜찮은 사람이라는 사실을.

원망하면서 그리워하는 것도
사랑의 모습이다

저는 엄마를 사랑하지만 싫어하는 것 같습니다. 어렸을 때 부모님
은 일하시느라 바빠서 저에게 시간을 내주실 수 없었습니다. 저의
유년기는 부모님의 부재로 인한 상처로 채워졌습니다. 집에 오면
항상 혼자 있었던 시간과 부모님을 원망하던 마음이 여전히 기억
에 또렷합니다. 중·고등학교 때엔 부모님의 관심을 받아 보고 싶
어 공부도 열심히 했고 성적도 잘 받아 왔습니다. 그러나 칭찬 한
번 들어 본 기억이 없습니다.

스무 살이 되던 무렵 사업이 잘 풀려서 부모님이 덜 바쁘게 되자
갑자기 안 하던 간섭과 관심이 오기 시작했습니다. 지금까지 저를
챙기지 못했던 것을 속죄하려는 듯 제 학점과 생활에 관심을 갖고,
저의 진로까지 결정하려고 하시는 부모님 때문에 관계가 틀어지기

시작했습니다. 20대에는 정말 많이 싸웠지만 이제 서른 살이 되면서 나를 사랑해서 그런 거라며 부모님을 이해하려고 많이 노력합니다. 하지만 '어렸을 땐 내팽개쳐 놓고, 왜 이제야 이러는 거야?'라며 원망과 동시에 죄송함을 느끼는 이중적인 마음으로 살아갑니다.

엄마는 항상 일방적인 '지시'만 합니다. 무조건 '그건 하지 마라, 그건 안 좋다, 걔랑은 만나지 마라' 등등 본인의 의사를 강요하십니다. 걱정에서 우러나온 이야기라는 건 이해하지만, 저는 입을 다물게 됩니다. 친구들이 저랑 엄마랑 통화하는 것을 듣고 상사와 통화하는 것 같다고 합니다. 요즘 들어 엄마가 저와 많은 시간을 보내고 싶어 합니다. 그러나 저는 정말 죄송하게도 엄마와 함께하는 시간이 행복하지 않습니다. 성격도 너무 안 맞고 말도 통하지 않는다는 생각을 하면서도, 한편으론 '나는 너무 못된 딸이구나' 자책하며 괴로워합니다.

부모님을 더 이상 원망하고 싶지 않습니다. 당신들이 정말 고생하고 열심히 일했기 때문에 지금 우리 가족이 편안하게 지내는 것도 너무나 잘 알고 진심으로 감사하고 있습니다. 어떻게 하면 원망하는 감정을 없애고 엄마를 사랑할 수 있을까요? - 비오는밤

● ●

비오는밤 님, 당신은 원망하는 감정을 없애고 사랑만 하기를 원하지만 저는 그런 방법을 알지 못합니다.

인간은 양가감정에서 벗어날 수 없습니다. 양가감정이란 상대에게 긍정적인 감정과 부정적인 감정을 동시에 느끼는 것이지요. 앞에서 저는 정신의 빛과 그림자에 대해 언급했습니다. 우리는 사랑하면서 미워하고, 연민을 느끼면서 동시에 부담스러워합니다. 좋아하면서 또 어떤 면은 싫어하지요. 부모자식이나 부부관계처럼 밀접한 관계에서 갈등이 생길 경우 양가감정은 더 극심해집니다. 기대하고 믿었던 만큼 실망도 커지기 때문입니다. 최선을 다해야 한다는 생각이 도망치고 싶은 욕구를 만들고, 미워할수록 죄책감도 커지지요.

그런데 이상적 관계를 갈망하는 사람들은 상대에게 오직 한 가지 감정만을 느껴야 한다고 생각합니다. 부정적인 감정 때문에 죄의식을 느끼며 고통스러워하고, 그래서 자기 안의 부정적인 감정을 어떡하든 없애고 싶어 합니다. 부정적인 감정과 긍정적인 감정이 동전의 양면처럼 필연적이라는 사실을 인정하지 않는 것입니다.

비오는밤 님, 과거 외로웠던 기억, 그로 인한 원망, 지금 부모에게 느끼는 불편감 모두를 허용하세요. 그래도 괜찮습니다. '도대체 언제까지 부모를 원망할 거야? 언제까지 속 좁게 굴 거야?' 하면서 자신을 몰아붙이지 마세요. 자신을 미워하면서 상대를 사랑할 수 없습니다. 죄의식으로 움츠러든 마음으로는 누군가를 온전히 사랑할 수 없습니다. 미움을 허용한 채로 사랑하세요. 정말 미워 죽겠지만 그래도 밉지만은 않은 것, 원수 같지만 자꾸 마음 쓰이는 것, 원망스럽지만 그리운 것, 그게 사랑의 자연스러운 모습입니다. 당신도 부모님을 정말 사랑하고 있습니다. 부모를 전적으로 이해하고 사랑하지 못하는 자신 때문에 괴로워하네요. 단언컨대 그것도 사랑입니다. 자신의 사랑을 믿으세요.

이제는 자신의 감정이나 생각과 싸우지 마시고, 현재 당신을 괴롭히는 문제를 해소하는 데 관심을 기울여 보세요. 지금 당신에게 필요한 것은 엄마를 사랑하려고 애쓰는 일보다 엄마와 적당히 거리를 두는 일인 것 같습니다. 서른 살이라면 자신의 길을 개척하는 데 온 힘을 쏟아야 할 때지요. 자기 일에 몰두하느라 엄마와 적당히 소원해져도 괜찮습니다.

다른 한편으로는 당신의 엄마와 소통하는 법, 자신이 원하는 바를 요구하는 법을 터득하세요. '날 내버려 둬. 왜 이제 와서 난리야' 하는 식의 저항은 별로 효과가 없었을 겁니다. '내가 진짜 원하는 건 따뜻한 말 한마디예요. 내 얘기를 더 많이 들어준다면 엄마를 더 좋아하게 될 거예요. 지시하고 강요하면 엄마가 멀고 무섭게 느껴져요'처럼 구체적으로 그리고 끈질기게 자신의 요구를 피력해 보세요. 엄마 중심의 관계를 모녀 공존의 관계로 조정하는 겁니다. 어쩌면 엄마도 당신과 소통하는 법을 찾고 싶었는지 모릅니다.

관계가 적절하게 조정되면 미움과 원망은 통제할 수 있을 만큼 줄어듭니다. 훨씬 편안해지지요. 그렇게 당신의 환경을 적절하게 조정해 보세요. 당신은 더 이상 10대의 무력한 딸이 아닙니다. 당신에겐 자신을 행복하게 할 능력과 힘이 존재합니다.

당신은 여전히 엄마에게 화나 있군요

◇
◇
◇
◇

어린 아들 둘을 키우고 있는 30대 전업주부입니다. 저는 딸 둘, 아들 하나인 가정에서 장녀로 자랐습니다. 남동생은 지능장애가 있었고, 어려운 집안 살림에 어머니는 버티기가 힘드셨던 거 같아요. 저는 맏이란 이유로 어머니의 분풀이 대상이었습니다. 제가 잘못하지 않아도, 조그만 잘못에도 늘 매를 맞았지요. 어릴 때를 떠올리면 맞은 기억만 있습니다. 아버지는 기억도 나지 않고요.

하지만 우리가 어려운 환경에 있다는 걸 어린 나이에도 알았고 어머니를 이해한다 생각했습니다. 그런데 제가 결혼하고 아이를 낳아 보니 도저히 어머니를 이해하지 못하겠더군요. 우연히 대화 도중 예전 이야기가 나왔고 저는 웃으며 '왜 어릴 때 그렇게 많이 때린 거냐, 기억은 나냐' 했더니 어머니는 기억이 나지 않는답니다. 제가 큰딸이라 솔직히 분풀이했던 거 같다고는 하더군요.

아이를 키울수록 어머니에 대한 원망도 함께 자랍니다. 우리 어머니는 왜 이렇게 나한테 안 해 준 거지. 예민한 사춘기 시절 예쁜 옷 한 벌, 메이커 신발 한 번 사 준 적이 없고, 따뜻한 포옹 한 번 기억나는 게 없고…. 제 아이는 사랑 충만하게 키우리라 다짐했습니다. 정말 몸이 부서져라 사랑해 줬어요. 하지만 아이가 둘이 되고 도저히 통제가 안 될 때는 저도 모르게 손이 나갑니다. 엉덩이 한 대 정도 때리는 게 아니라, 머리를 휘갈길 때도 있고 뺨을 때린 적도 있습니다. 물론 세게는 아니지요. 때리곤 바로 미안해지지만 화가 또 치밉니다. 이렇게 아이를 때릴 때마다 친정어머니 생각이 납니다. '나도 아이에게 우리 어머니처럼 하면 어떻게 하나' 하는 순간적인 두려움 때문이겠지요.

왠지 어머니에게 분풀이하고 싶습니다. 왜 그렇게 때렸는지, 왜 한 번 안아 주지 않았는지, 나는 지금도 생생하게 기억나는데 때렸으면 기억이라도 해야 되는 게 아닌지, 왜 지금도 어머니의 관심을 받고 싶은지…. 어머니는 분명 절 사랑하지만 무뚝뚝한 탓에 표현을 못 하고 사신 거겠지요. 평생 가족을 위해 희생하셨고 헌신하신 것도 맞습니다. 지금도 고생하고 계시고요. 이런 말을 어머니한테 하면 엄청 상처받으시겠지요. 절대 입 밖으로는 낼 수 없습니다. - 푸른나무

●●

푸른나무 님, 제 한 몸 지탱하기도 아직 불안한 어린아이가 엄마의 감정받이가 되어 그녀의 분노와 냉대를 모두 감당하셨군요. 얼마나 무섭고 슬펐을까요. 당연히 화가 날 겁니다. 분노는 대물림되기 때문입니다. 어린 시절 부모가 아이에게 한 행동은 모두 두뇌 회로에, 그리고 우리의 의식과 무의식에 저장된다고 심리학자들은 말하지요. 트라우마 전문가들은 또 폭력이 육체에 저장되어 우리 안에서 소용돌이치면서 우리를 끌어당긴다고 말하기도 합니다. 굳이 심리학적인 접근이 아니더라도, 매 맞고 화나지 않는 사람은 없습니다. 하

지만 어렸을 때는 화낼 수 없었을 거예요.

어린아이는 엄마를 미워할 수 없습니다. 아이에게 부모는 자신의 전 존재를 의탁한 온 세상이기 때문입니다. 내가 의지한 세상을 나쁘다고 미워하는 건 아이에게 있을 수 없는 일이니까요. '엄마가 힘들어서 그런 거야. 내가 참아 주고, 엄마를 도와줘야 해'라고 아이들은 생각합니다.

그랬던 아이가 자라 엄마가 되어서, 자신의 어린 시절 기억을 떠올리게 됐군요. 많은 엄마들이 육아과정에서 그런 경험을 하지요. 아이 나이와 같은 시절의 자신이 떠오르고 그 시절 감정이 활성화되는 것을 느낍니다. 그래서 어린 시절이 행복하지 않았던 사람들은 부모가 되면 마음고생을 많이 하지요.

특히 가장 사랑하는 아이에게 분노를 퍼붓는 나를 목격하는 일은 정말 고통스럽습니다. 꽁꽁 숨겨둔 우리의 부정적인 모습은 보통 자식 앞에서 드러나지요. 육아 스트레스가 워낙 강력한 데다 부모자녀관계는 자아경계선이 희박하기 때문에 부정적 감정이 쉽게 드러납니다. 어쨌든 이렇게 해서 가장 직면하기 싫은 내면의 그림자를 가장 사랑하는 아이에게 드리우게 되는 것입니다.

그런데 그 고통스러운 시간이 사실은 기회의 시간이기도 합니다. 오래 밀쳐 두었던 아픔을 의식의 장으로 끌어올려서 치유해 줄 수 있는 기회, 나를 성장시킬 수 있는 기회 말입니다. 이때 엄마들은 두 차원에서 아이를 길러야 합니다. 내가 낳은 아이들과 내 마음속의 상처 입은 심리적 아이가 그들입니다.

화내고 싶은 만큼 충분히 화내세요. 충분히 원망하세요. 지금은 당신이 어린 시절 겪은 아픔에 대해 분노할 시간인 것 같습니다. 친구들을 만나 그들에게 하소연하시고, 글쓰기를 통해서 감정을 표현하세요. 과거 기억이 떠오를 때마다 그 기억과 지금 느껴지는 감정을 모두 기록해 보세요. 이렇게 사연을 보내는 것도 좋은 시도입니다. 다양한 마음 치유 프로그램의 도움을 받는 것도 추천하고 싶네요.

다양한 방법으로 분노를 해소하시되 아이들에게는 화내지 마세요. 아이에게 화낸다는 건 분노와 폭력의 대물림을 지속시킨다는 얘기이고, 무엇보다 어머니에게 난 화를 자신에게 돌리는 걸 의미합니다. 자신의 분신과 같은 아이를 때리고 또 괴로워하면서 당신의 마음은 전쟁터가 될 테니까요. 결국 상처는 회복되지 않고 분노는 더욱 깊어질 겁니다.

아직도 어머니의 관심을 받고 싶다 하셨나요? 아마 당신이 스스로 자기 문제의 어머니가 되지 못했기 때문일 겁니다. 어른이 되어서도 부모나 주위 사람들의 관심과 사랑을 애타게 그리워하고 있다면 당신이 자신을 외면하고 있거나 비난하고 있기 때문입니다. 어린 시절 어른들이 내게 그랬듯이 내가 나에 대해 차갑고 비판적이기 때문에 다른 이의 사랑과 지지에 매달리는 것이지요.

그러니 충분히 화내면서, 다른 한편으로는 화내는 자신에게 관심을 쏟고 따뜻하게 위로해 주세요. 화난 자신과 동일시하지 마시고, 화난 자신을 보살피고 위로하는 내면의 어머니와 동일시하세요. 화 내지 말라고 다그치지 마시고, 빨리 어른스러워지라고 잔소리도 하지 마세요. 그렇게 할수록 심리적 아이는 점점 더 지체될 겁니다. 앞으로도 오래 내면의 하소연을 들어주겠다고 약속하시고, 그동안 힘들었겠다고, 네 탓이 아니라고 위로해 주세요.

푸른나무 님, 당신도 잘 아시겠지만 과거 당신의 어머니는 가난과 장애가 있는 아들, 그리고 어린 딸들을 혼자 책임지느라 새파랗게 겁에 질린 젊은 여자였습니다. 어머니야말로 공포와 분노로 떠는 심리적인 아이에게 사로잡혀 살았을 겁니다. 그리고 지금은 나이 들고 무력해져서 더 이상 당신이 원하는 사랑을 줄 수가 없겠네요.

이제 당신이 자신의 아픔을 보살피는 보호자가 되어 주세요. 분노와 폭력의 대물림을 끊을 수 있는 기회, 당신이 한층 더 성숙할 수 있는 기회를 놓치지 마세요.

허세는 그만!

가식적인 삶에 지치네요. 제 나이 45세, 누가 봐도 성격 좋고 애들 잘 키우고 화려하진 않지만 잘 살고 있어 부러움을 받으며 살아왔습니다. 하지만 저처럼 우환덩어리를 안고 살아가는 사람이 또 있을까 싶을 만큼 실제 삶은 최악입니다. 굉장히 낙천적인 성격이라 여태 버티고 살았습니다.

결혼하고 남편이 돈을 벌어 온 건 처음 3개월, 남편은 돈은 못 벌면서 교회 골수 분자였습니다. 돈은 포기한다 해도 주말에 교회 가느라 가족과 함께 못 하는 건 정말 최악이었어요. 사이비 교회. 회사 취직을 해도 예배 가느라 야근하는 회사는 들어가지도 않고, 가족을 먹여 살리려는 그 어떤 노력도 하지 않으며 여태 살고 있습니다. 1년 살고 2년 집 나가고, 1년 살고 집 나가고, 용서하고 받아주면 또 싸우고 나가기를 반복했습니다. 저런 한심한 인간을 이제는 애들 아빠라는 이름으로도 용서할 수가 없어요. 미움도 사치, 싸움도 사치, 이젠 싸우기도 지쳐서 무조건 입 다물고 살고 있네요. 하는 말이라고는 '닥쳐!', '꺼져!'

그런 사람이랑 살면서 친정과도 아예 연을 끊고 혼자 발버둥 치며 큰애가 중학교, 작은애가 초등학교를 다니도록 잘 키웠습니다. 그동안도 제가 티를 내지 않아 아이들은 저런 애비인지 모르고 자랐습니다. 남편 없는 세월 파견 갔다, 출장 갔다 얘기하며 버텼죠. 제가 이렇게 애들 키우며 딴 짓 한 번 안 하고 성실하게 사는 거 주위 사람들이 다 아는데, 왜 나를 욕하는지…. 애 잘 키워 줘서 고맙다는 얘기는 이젠 바라지도 않네요. 어쩌다가 돈 50만 원 주며 줄 거 다 준 양 큰소리치고, 50만 원도 아쉬워서 거절하지 않고 받아 삼키는 제 상황도 싫습니다.

애들에게 이혼 가정이라는 굴레를 주기 싫어 여태 호적상의 가족으로만 버티고 살고 있는데, 이혼을 해야 할지 걱정입니다. 다 잘라 내고 애들 친권 뺏고 홀가분하게 살고 싶은데, 주위 사람들이 제 진실을 알면 배신감에 저보다 먼저 쓰러질지도 모르겠어요. 이목이 두려워 이혼도 못하고 남들은 제 남편이 돈 잘 벌어 제가 엄청 속 편하게 사는 팔자 좋은 여자인 줄 알고 있으니 그 허울 벗는 게 두렵기만 합니다. 도와주세요, 제가 어떻게 살아야 할지. 이렇게라도 소통하고 싶어 용기를 냈습니다. - 로라

●●

자신의 삶을 '가식적인 삶'이라고 이야기하시니 일종의 '자기고발' 같은 느낌입니다. 겉으로는 화목한 가정의 안주인으로 알려져 있는데, 내적으로는 오랜 기간 남편 없는 가정을 홀로 지키셨군요.

멋진 이미지를 유지하느라 개인의 삶을 희생했을 테니 정말 괴로웠을 겁니다. 본의 아니게 거짓말을 많이 하셨겠지요. 자신의 감정도 감췄을 거고요. 남편 때문에 불행한 날이 무척 많았을 텐데 그 고통을 누군가에게 털어놓지 못하고 숨죽여 울면서, 이러지 말아야 한

다고 자신을 다그쳤겠지요. 그러니 사람들에게 위로받지도 못했을 겁니다. 자신의 본성이 자연스럽게 흐르도록 허용하지 못하는 것, 그것이 바로 개인적 희생입니다.

포장된 이미지와 현실의 괴리 역시 심각한 심리적 문제를 만들어 냅니다. 괴리가 클수록 자아는 그 어느 곳에도 안착하지 못하고 공허한 방황을 계속하지요. 멋진 이미지를 고수할수록 그걸 비난하는 목소리도 커집니다. '넌 거짓말쟁이야, 위선자야'라고 스스로를 비난하면서 멋진 이미지와 반대되는 비참한 감정과 생각을 내면에 키우게 되는 겁니다.

참으로 희한하게도 우리가 무슨 행동을 하든 마음은 그 대가를 치르게 합니다. 우리가 '멋진 사람'으로 보이려고 애쓸수록 그만큼의 공허가 내면으로 밀려들어 와 정신적 배고픔을 호소합니다. 이것이 바로 정신의 보상 작용입니다. 멋진 이미지라고 하는 한쪽 극단과 동일시할수록 균형을 잡기 위해 반대편의 부정적 특성이 강화되는 것이지요.

다행히도 로라 님은 자신의 삶이 가식적이라는 사실을 인식하고 인정하셨네요. 당신의 용기에 격려와 지지의 박수를 보냅니다. 가정을 유지하고자 안간힘 쓰며 살았던 과거의 당신도 위로하고 싶네요. 그 시간을 지나오며 당신은 누구보다 강한 사람이 되었을 것입니다. 그러니 '유독 나만 최악'이라는 생각에서 벗어나세요. 또 한편으로는 멋지게 보이고 싶었던 자신의 욕심을, 그것이 허영이었을지라도 연민으로 바라보세요. 그리고 소탈하게 자신을 드러내 보세요. 부담스럽지 않을 만큼만 조금씩 말이지요.

타인의 이목이 이혼의 가장 큰 방해물이라고 생각하신다고요? 그런데 대부분의 사람들은 남편 잘 만나 근심 걱정 없는, 아이 때문에 속 썩어 보지 않은 현모양처를 별로 좋아하지 않는답니다. 기본적으로는 시기와 질투 때문이겠지만 더 중요하게는 그림자 없는 사람을 매력적으로 느끼지 못하기 때문입니다. 아마도 남들이 보기에는 당신이 그런 사람일 겁니다. 부럽다고 칭찬은 해 주지만 깊게 교류하고 싶지 않은 존재 말이지요. 이제부터는 자신을 있는 그대로 인정해 주는 진짜 친구들과 만나세요. 그 관계를 통해 남편 없는 가정을 지킨 당신의 삶이 부끄러운 게 아니라는 사실을 경험하세요.

그리고 이혼에 대한 편견을 내려놓으세요. 추측건대 당신은 단란한 가정을 가장 큰 가치로 여기고, 이혼 가정에 대해 유난히 짙은 색안경을 끼고 살았던 거 같습니다. '이혼하는 사람들은 아주 큰 문제가 있는 사람들일 거야. 이혼은 인생의 파탄이나 마찬가지야. 굉장히 수치스러운 거야. 나는 절대 이혼하지 않을 거야'라는 생각을 하셨다면 정작 그 일이 자신에게 닥쳤을 때 해결할 힘이 없습니다. 너무 당황해서 문제를 성찰할 겨를이 없을 뿐 아니라 상의하고 자문을 구할 사람도 주위에 없기 때문입니다. 세상을 보는 우리의 편견이 어느 순간 우리 자신의 감옥이 되는 것이지요.

이혼의 가능성을 염두에 두고, 부부관계를 점검해 보세요. 먼저 자신이 진짜 이혼을 원하는지 자신의 욕구부터 살펴보세요. 자식 때문에, 남의 이목 때문에 이혼하지 못한다는 말은 어쩌면 핑계일 수도 있습니다. 마음 깊은 곳에서는 여전히 남편이 가정으로 돌아오기를 바라면서요. 만약 그런 마음이 있다면 인정하시고 부부관계를 회복하기 위해 마지막까지 노력해 보세요. 전문가의 도움을 받으시기를 권합니다. 오랜 시간 의사소통이 불가능했던 부부가 스스로 문제를 해결하기란 쉽지 않기 때문입니다.

끝까지 노력해 본 뒤 결정을 내린다면 아마 어떤 미련도 남지 않을 겁니다. 그리고 무엇보다 자기성찰이라는 선물을 덤으로 받게 될 겁니다.

싫은 건
싫은 거다

21세 여대생이에요. 엄마와의 관계에서 어긋남이 참기 힘들어 메일 보냅니다. 엄마는 엄격하지만 그 누구보다 저를 친구처럼 대해 주세요. 이번 여름방학 저와 시간을 보내고 싶어 하는 눈치여서, 재수와 실패한 대학입시 때문에 벌어진 모녀 사이를 좁히기 위해 여름방학을 통째로 비웠습니다. 엄마가 좋아하는 친구가 아니면 제가 외출하는 것을 싫어하시기 때문에 약속이 있어도 방학 이후로는 친구들도 만나지 않고 있습니다. 집안일 하며 엄마가 들어오시길 기다리는 게 일상이죠. 집에만 있으면 엄마랑 밥도 먹고 놀러도 가고 하면서 관계가 좋아질 거라 생각했거든요.

그런데 문제가 생겼습니다. 엄마는 엄마의 취미인 등산으로 저와 다시 관계를 회복하려 하시는데, 저는 등산이 싫습니다. 새벽에 일어나는 것도 싫고 제가 산 오르는 것 자체를 되게 싫어해요. 물론 엄마도 잘 알고 계시고요. 그래서 싫다고 말씀드린 후 다른 걸 같이 하자고 해 봤지만, 엄마는 자신과의 관계 회복을 위해 등산을 반드시 가야 한다고 하십니다. 그러니 관계 회복은커녕 매일매일 더 싸우기만 합니다. 제가 잘못한 건가요? 저는 무엇을 고쳐야 할까요? - 라떼

● ●

모녀관계에서 10~20대 딸들은 타자입니다. 대부분 그들은 엄마가 묘사하는 대상이지 자신이 스스로 모녀관계를 피력하는 경우가 많지 않습니다. 엄마들의 이야기 속에서 젊은 딸은 문제아 혹은 반항아이며, 게으르거나 철이 없어 엄마의 애를 끓이는 존재입니다. 또는 엄마의 애착과 연민의 대상이기도 하지요. 엄마들은 모였다 하면 자식 이야기를 하지만, 솔직히 자식에 대해 제대로 알고 있는지, 그들의 생각을 충분히 들어 본 적은 있는 건지 잘 모르겠습니다. 우리 사회의 윗사람들이 그렇듯 부모는 훈계하고 설득하는 쪽이지 들어주는 존재는 아닌 것 같습니다.

침묵하던 딸이 입을 열어 엄마 이야기를 시작하면 그제야 엄마들의 편견과 자기중심성이 드러납니다. 관계 문제는 양측의 말을 모두 들어 봐야 합니다. 그런 점에서 라떼 님의 의견이 소중합니다. 엄마 이야기에선 좀체 보이지 않던 딸의 죄책감, 엄마에게 최선을 다하려고 애쓰는 마음, 엄마의 요구에 곤혹스러워하는 모습이 잘 보입니다. 라떼 님과 엄마는 비교적 사이좋은 모녀인 것 같네요. 엄마를 위해서 노력하는 모습이 가상하고 또 엄마와 옥신각신하는 모습도 사랑스러워 보입니다. 너무 격렬해서 깊은 상처를 주는 게 아니라면 싸우는 것도 나쁘지 않습니다. 그것도 일종의 의사소통이니까요.

다만 아무리 생각해 봐도 정말 싫은 거라면 안 하는 게 맞습니다. 사실 20대 초반 나이에 등산 좋아하기 쉽지 않습니다. 저에게도 비슷한 경험이 있습니다. 저 역시 산책하기 싫다는 딸을 여러 번 종용했지만 제가 꿈꾸던 딸아이와의 행복한 산책은 결국 무산되었습니다. 그땐 냉정한 딸을 원망했는데, 라떼 님의 이야기를 듣고 보니 딸도 거절하면서 마음이 굉장히 무거웠을 거라는 생각을 하게 되네요.

엄마들은 도대체 왜 자신의 취향을 딸에게 강요하는 걸까요? 왜 일상을 같이하는 것도 모자라서 취미도, 생각도, 생활방식도 자신과 똑같아지기를 바라는 걸까요? 왜 딸의 개성을 존중하지 않고 독립을 방해하는 걸까요? 정말 자신이 수고한 대가를 자식에게 받을 자격이 있다고 생각하는 걸까요? 엄마도 아이에게 충분히 사랑받으며 행복했을 텐데요.

중독 치료 전문가인 하인즈 피터 로어는 『착한 딸 콤플렉스』에서 죄의식에 기반을 둔 엄마와 딸의 의존관계를 이야기합니다. 엄마는 자신의 행복하지 않은 마음을 딸의 탓으로 돌리면서 '내 딸이니까 너는 나의 행복을 위해 존재해야 한다'고 강요한다는 것입니다. 엄마의 요구를 들어주지 못한 딸은 죄의식에 시달리고, 그 빚진 마음에서 벗어나려고 엄마의 만족을 위한 수단과 방법을 총동원하며 고군분투합니다. 애쓸수록 엄마의 욕심이 늘어나니 딸의 죄의식은 청산되지 않습니다. 물론 이건 극단적인 경우지만 이런 모습이 일상의 모녀 관계에서도 곧잘 발견되지요.

부모는 자식을 통제하기 위해 아이의 죄책감을 자주 이용합니다. '왜 나를 가슴 아프게 하니, 왜 내 속을 썩이니, 실망이야, 왜 그렇게 철이 없니? 어쩜 그렇게 바보같이 구니?' 하면서 말이지요. 이런 식으로 자식을 양육하면 부모와 자식관계가 사랑이 아니라 죄의식에 기초해 이루어집니다. 효도도, 심지어 자신의 성공조차도 빚진 마음으로 하게 됩니다. 울며 겨자 먹기로 하는 효도는 분노와 피해의식을 만들어 낼 뿐인데 말이지요. 대한민국의 부모들은 그 사실을 알고도 효도를 원하는 건지 저는 잘 모르겠습니다.

라떼 님의 경우도 재수와 대학입시 등으로 미안해져 엄마에게 방학 동안 봉사하기로 마음먹습니다. 엄마가 싫어하는 친구도 만나지 않으면서 말이지요. 그런데 엄마는 거기에 만족하지 못하고 등산까지 요구하시네요. 등산이 건강에 얼마나 좋은데 왜 그렇게 게으르냐고 말씀하셨는지도 모릅니다. 하지만 우리가 몸에 좋다고 하는 모든 것을 다 하며 살지는 않습니다.

라떼 님, 다시 말하지만 싫은 건 싫은 겁니다. 앞으로도 싫고 좋은 자신의 마음을 스스로 존중해 주세요. 엄마의 기쁨을 위해 자신의 싫어하는 마음을 외면한다면 그게 무슨 소용 있겠습니까? 우리는 각자 자신의 느낌과 감정을 최우선으로 고려해 주어야 합니다. 그래야 우리 내면에서 피해의식이 자라지 않습니다. 그래야 부모가 정말 위기에 처해 있을 때, 가장 어려울 때 발 벗고 나서서 도울 수 있습니다. 부모를 진정으로 사랑하고 염려하는 마음으로 말이지요. 타인에 대한 선의는 그 어떤 것보다 자발적이어야 하지 않을까요? 그래야 주는 이도, 받는 이도 기쁘기만 하니까요.

상대를 비난하는 만큼
자기비난도 커진다

저는 화가 나면 아무 말도 하고 싶지가 않습니다. 말도 안 되는 남편의 실수를 보거나 실망스러운 상황을 보면 그냥 입을 딱 닫습니다. 그런데 남편은 제가 화나면 무서운지 더 실수를 합니다. 그걸 보면 저는 또 더 화가 납니다. 너무 바보 같고 무식해 보여서 입을 열면 제가 무슨 말을 하게 될지, 어떤 모욕을 줄지 저도 조절이 어려울 거 같아요. 어쩔 땐 제가 너무 쪼잔해 보여서 말하고 싶지 않기도 합니다.

남편의 실수에 한두 번은 아주 너그럽게 넘어갑니다. 그러다 연타를 치면 화가 납니다. 이렇게 바보였나 싶기도 하고요. 저희는 나이 차이가 좀 납니다. 그래서 뭘 하든, 뭘 사든, 뭘 선택하든 제가 나서야 일이 풀립니다. 어떨 땐 제가 우쭐대지만 어떨 땐 피곤하고, 못 미덥고…. 그래서 그가 바보 같습니다.

저는 화를 아주 끝까지 내는 거 같습니다. 소리를 지르고 물건을 던지지는 않지만 말없이 끝까지 화를 냅니다. 혼자 있고 싶어 과감히 문을 닫아 버리지만 하루 이틀 지나면 화가 가라앉고, 그러다 보면 또 그럴 수도 있다고 생각하게 됩니다. 화낸 것을 사과합니다만 풀리고 나면 제가 그냥 변덕 부린 것 같고 유아적이고…. 그래서 이제는 저도 제 감정을 믿지 못하겠습니다. - 명진

●●

갈등이 생겼을 때 어떤 감정을 느끼고 또 어떤 태도를 취하는 지는 어느 정도 기질적 영향을 받습니다. 같은 상황에서도 사람마다 다르게 반응하는 건 그 때문일 거예요. 타고난 성격인 기질은 원래 바뀌기 어려운데 불편한 감정을 느끼면 입을 다물고 자기만의 동굴로 들어가 버리는 성향은 더욱 그렇습니다. 명진 님은 그래도 지면을 빌어 자신의 마음을 열었네요. 변화를 위한 그 용기를 칭찬합니다.

사실 침묵은 상당히 강력한 공격입니다. 침묵하는 사람의 입장에서는 자신이 참 무력하고 소극적으로 대응한다고 생각하겠지만 막상 당하는 사람은 거절과 거부, 그리고 버림받음의 감정을 강하게 경험할 수 있습니다. '넌 나를 입 다물게 했어, 네가 얼마나 나쁜지 알아?' 하는 의미를 던져 놓고는 소통할 기회, 해명할 기회를 주지 않으니 그 또한 괴로운 노릇입니다.

그런데 침묵으로 대처하는 습관이 심각해지면 누구보다 명진 님 자신이 해를 입습니다. 우선 당신이 뭘 원하는지 말하지 않았기 때문에 상황은 조정되지 않을 것이고, 그러면 제대로 이해받지 못했다는 생각에 원망과 화가 더욱 깊어질 겁니다. 입을 다무는 대신 생각이 많아집니다. 당신의 화가 정당하다는 걸 증명해야 하기 때문에 상대가 얼마나 잘못했는지, 그 때문에 자신이 얼마나 괴로운지 하는 생각이 꼬리를 뭅니다. 화난 이유를 백 가지쯤은 찾아 놨는데 시간이 흐를수록 화가 풀리니 그 또한 당혹스러웠나 봅니다.

감정이란 게 원래 그렇습니다. 어떤 감정이든 예외 없이 왔다가 갑니다. 그러니 어느새 화가 풀렸다고 부끄러워할 이유는 없습니다. 화가 영원히 풀리지 않는다면 그게 더 문제겠지요.

중요한 점은, 자주 느끼는 감정을 당신 자신이라고 여기면 안된다는 겁니다. 자주 찾아오는 불편한 손님을 당신 자신이라고 생각하지 않는 것처럼, 감정도 어찌 보면 내 마음에 찾아오는 손님이며, 당신은 손님을 맞는 주인이지 감정이 아닙니다. 그러니 그의 명예를 위해 너무 많은 변명거리를 만들지 않아도 됩니다. 이를테면 남편이 나를 화나게 할 만큼 바보 같고 실수를 많이 한다는 생각이 그것입니다.

남편이 바보 같아 보인다는 말씀을 반복하셨지요. 남편을 그토록 마음으로 비난하셨다면 그만큼 자기비난도 맹렬했겠네요. 저는 그 무엇보다 당신을 괴롭혔을 자기비난이 염려됩니다. 당신은 자신을 쪼잔함, 변덕, 유아적 등등으로 표현합니다. 추측건대 자기비난이 두려워 이제까지 실수하지 않으려고, 바보 같지 않으려고 부단히 자신을 다그치며 살았을 겁니다. 자신의 유능함을 남편에게 과시하며 나는 바보 같지 않다고 잠시 안도했을지도 모르겠습니다.

그러나 바보 같은 것보다 더 심각한 문제는 사실 자기비난입니다. 정신의 생명력을 갉아먹으니까요. 자기비난이야말로 행복을 위해서든 인격의 성숙을 위해서든 가장 큰 해가 됩니다. 자신을 유능함, 완벽함 안에 가둘 때 다른 부분이 희생당할 수 있다는 걸 명심하세요. 유능함은 타인에게 자주 이용당하지만 미숙한 측면은 타인의 도움을 얻어 내기도 하니 무엇이 진정으로 유능한 건지 저는 잘 모르겠습니다. 또 실수하는 바보 같은 측면에는 천진난만함이나 자유로움, 낙천성, 직관력 등의 긍정적 측면이 연결돼 있습니다. 실수를 막으려다 자칫 자신의 긍정적 측면이 질식당할 수 있다는 점을 인식하세요.

화의 뿌리는 거기에 있을 겁니다. 나 스스로 나를 가두고 억압하는 곳 말입니다. 실수하지 않으려고, 유아적이고 속 좁은 모습을 들키지 않으려고 입을 자물쇠로 채울 때마다 다른 한편에선 분노가 자랐을 겁니다. '나도 말 좀 하자고, 난 수치스러운 존재가 아니란 말이야! 사람들에게 인정받고 싶다고!' 하면서 말이지요.

서툴게 화내도 괜찮습니다. 붉어진 얼굴로, 떨리는 목소리로, 더듬거리며 말해도 괜찮습니다. 속 좁은 생각이어도 괜찮습니다. 화를 느낌과 동시에 입을 다무는 자신을 지켜보면서 한두 마디의 말이라도 꺼내려고 의식적으로 노력해 보세요. '답답해, 속상해, 한심해, 내가 지친다' 같은 말도 괜찮습니다. 말하기를 반복할수록 감정은 여유를 찾을 거고, 표현은 조금씩 능숙해질 것입니다.

나의 감정에 대한
새로운 발견

저는 결혼생활을 10년 넘게 한 여성이며, 아이도 있습니다. 나이가 많지만 내성적이고 수줍음이 많은 성격입니다. 제 문제는 너무나도 쉽게 이성에게 빠진다는 것입니다. 남편과는 불화도 많이 겪는 등 우여곡절이 많았지만 지금은 가족애를 느끼며 남들처럼 평범하게 살기 위해 노력하고 있습니다.

얼마 전 너무 힘든 일이 생겨 우울감이 심하여 상담소를 찾게 되었습니다. 그런데 그만 상담 선생님에게 반하게 되었습니다. 전 남에게 손가락질 받는 두려움보다 이런 저를 너무나도 고치고 싶어서 이 글을 씁니다.

제가 반하게 되는 패턴은 항상 똑같습니다. 한 이성이 있습니다. 제가 먼저 좋아하는 일은 없고, 그가 저를 세심하게 배려해 준다거나, 남다르게 대하며 행동이나 말투, 표정 등에서 저에 대한 호감을 갖고 있다는 생각(또는 착각일 수도 있습니다)을 하게 되면 그때부터 그 사람이 나를 좋아한다는 생각이 들면서 반하게 됩니다. 이번에도 마찬가지입니다. 첫인상이 굉장히 멋지고 젠틀한 저의 이상형이었지만 이성적이고 객관적이며, 또 내담자와의 선이 분명해 저에게도 일반 환자들처럼 사무적으로 대하셨기에 처음부터 이성으로 생각하지는 않았습니다. 그러나 주기적으로 상담을 하면서 갈수록 더욱 친근하게 느껴지고, 저의 아픔을 친오빠처럼 다독여 주고, 다정다감하게 배려해 주시는 그런 선생님께 반할 것 같아서, '너를 치료해 주시려고 그러는 거지 널 좋아해서가 아니야'라며 마음속으로 계속 되뇌었습니다.

하지만 또 그에게 반하고 말았습니다. 물론 고백할 생각은 전혀 없습니다. 저도 가정이 있으니까요. 제가 바라는 것은 이렇게 사랑에 빠진 감정에서 벗어나고 싶고 그분을 그냥 남자사람으로 보고 싶은데, 아무리 노력해도 제 감정이 마음대로 안 되는 까닭에 너무나도 괴롭습니다. 부디 저를 욕하지 말아 주시고 지혜로운 답변 부탁드릴게요. - 김주현

●●

당신을 욕할 생각은 전혀 없습니다. 김주현 님도 자신을 지나치게 염려하고 비난하지 않았으면 좋겠습니다. 사실 다정하고 세심하게 배려해 주는 남성을 보면서 마음 흔들리지 않을 여성이 얼마나 될까요. 그런 심리를 이용해 여성 대상의 상품 광고에 멋진 남성 모델이 등장하는 것입니다. 그들이 화면 밖 여성들을 향해 따뜻한 미소와 친절한 태도를 보여 주면 우리는 그가 소개하는 상품에 호감을 느끼게 되고 그 감정이 결국 구매행위로까지 이어집니다. 중요한 것은 이런 광고가 인간에게 없었던 감정을 만들어 내는 게 아니라는 겁니다. 우리 내면에 존재하는 에로스적 감성을 자극하고 활성화시

킬 방법을 광고는 아는 것이지요. 그러니까 당신이 친절한 남성에게 느끼는 감정은 자연스럽고 보편적인 것입니다.

설레는 마음은 침체된 우리 삶에 활력과 생동감을 불어넣어 준다는 점에서 유익합니다. 그래서 사람들은 로맨스 영화를 보고, 드라마 속 주인공의 매력에 반복해서 빠지며, 유명가수의 팬이 되어 공연장을 찾습니다. 다시 말하지만 당신의 감정은 손가락질 받을 이상한 것이 아닙니다.

제 생각에는 자신이 느끼는 감정에 지나치게 의미를 부여하는 것이 오히려 문제인 것 같습니다. '절대 안 돼!' 할수록 더 깊이 빠집니다. 금기를 뛰어넘는다는 생각은 우리를 고통스럽게도 하지만 극적인 감정을 경험하게 해 주기 때문에 매혹적입니다.

당신은 상대에게 호감을 느낄 때 반한다, 사랑에 빠진다 같은 표현을 하고 있네요. 그런데 인지심리학과 뇌과학 등은, 우리의 의식이 자신에 대해 정보를 모으고 판단하는 과정에서 착각과 오류를 많이 범한다고 이야기합니다. 예를 들어 화가 났을 때 가슴이 쿵쾅거리고 머리가 조여 오는 느낌을 강하게 경험한 적이 있다면 그 사람은 이후에 비슷한 신체적 경험을 할 때마다 자신이 화난 거라고 믿어 의심치 않게 됩니다. 그래서 사람들에게 자신이 왜 화가 났는지, 상대가 어떻게 자신을 화나게 했는지 구구절절이 늘어놓습니다.

그러나 화날 때와 유사한 신체적 느낌을 두려움이나 불안을 느낄 때도 경험할 수 있습니다. 자식에게 소리치는 아버지는 자신이 화를 내는 거라고 생각하겠지만 무의식 차원에서는 자신이 자식을 통제할 수 없는 무능한 사람일지도 모른다는 불안과 두려움에 사로잡혀 있을지도 모릅니다.

이처럼 뇌는 자신의 신체반응을 잘못 해석해서 잘못된 감정의 딱지를 붙이는 경우가 많은데 이것을 '착오귀속 효과'라고 합니다. 당신의 경우도 그렇게 생각해 볼 수 있습니다. 당신이 반한다거나 사랑에 빠진다고 판단하게 된 근거는 무엇입니까? 낯선 상대가 막 익숙해지려고 할 때, 그래서 가슴이 설렐 때, 당신에게 관심이 집중된 상황, 당신이 안전하며 충분히 수용된다고 느낄 때 자동적으로 경험하는 기분 좋은 긴장감, 고양된 느낌을 사랑과 혼동하고 있는 것은 아닌가요? 내성적이고 수줍음이 많은 성격이라고 했는데 그렇다면 자신이 주인공이 되는 우호적인 상황을 더 설레게 느낄 수 있겠지요.

그러니 자신을 부도덕하게 몰아 처단하지 마시고 그 행복한 감정을 충분히 느껴 보세요. 사랑의 묘약은 상대에게 뿌려진 게 아니고 당신의 눈 속에 들어가 있는 것입니다. 설레는 감정을 느낄 때 상대에게 집중하지 마시고 당신의 몸과 마음에서 일어나는 느낌에 집중해 즐겨 보세요. 어떤 선입견도 없이 신체적 경험에 집중해 보면 자신에 대해, 자신의 감정에 대해 새로운 발견을 하게 될 것입니다.

동시에 당신이 원하는 게 무엇인지도 진지하게 생각해 보세요. 당신은 배려받을 때, 자신을 특별하게 대우해 줄 때, 다정하게 대해 줄 때 행복한 사람이며, 그걸 누구보다 원하는 사람이라는 사실을 알아차리세요. 상담과정에서 당신이 알아야 할 것은, 당신 스스로가 자신을 그렇게 대해 줘야 한다는 점입니다. 세상 사람들은 당신을 소홀히 대하고 냉대할 수 있지만 당신만은 당신에게 늘 따뜻해야 합니다.

글쓰기

첫째, 당신이 싫어하는 자신의 행동이나 태도, 성격 특성을 목록으로
정리해 보세요. 생각나는 대로 최대한 많이 적어 보세요.

1. _____

2. _____

3. _____

_____

_____

_____

_____

_____

_____

_____

_____

_____

_____

글쓰기

둘째, 당신이 싫어하는 주위 사람들의 행동이나 태도, 성격 특성을 목
록으로 모두 정리해 보세요.

1. _____

2. _____

3. _____

_____

_____

_____

_____

_____

_____

_____

_____

_____

_____

_____

글쓰기

첫 번째 쓴 목록이 당신이 그동안 외면하고 함부로 대한 자신의 성격
입니다. 아마도 첫 번째와 두 번째 내용에서 공통되는 점이 많을 겁니
다. 내가 싫어하는 내 모습을 상대가 보일 때 정말 미워지니까요. 그
래서 내가 나를 미워할 때 나도 관계도 불행해집니다.

이제 당신이 싫어하는 자신의 특성 하나하나에 대해 연민의 글을 써
보세요. 그동안 무작정 미워하면서 그것이 가진 역할이나 장점을 보
지 못한 것에 대해 미안한 마음을 전하세요.

_____

_____

_____

_____

_____

_____

_____

_____

자기 위로 명상하기

너무 힘들고 외로울 때, 통제되지 않는 분노로 전전긍긍할 때 감정을 억누르고 다그치기보다는 안쓰럽게 여겨 주세요. '힘들겠다, 애쓰네…' 하면서요.

하루에 한 번씩 자신을 위로하는 명상을 해 보세요. 먼저 편안하게 앉은 상태에서 당신의 가슴을 가볍게 토닥토닥 두드려 보세요. '수고했어, 네가 어떤 모습이어도 사랑해' 하는 마음으로 말이지요. 그리고 두 손을 가슴에 가만히 얹은 뒤 아래의 글을 소리내어, 또는 마음으로 낭독합니다. 3분 정도 머뭅니다.

지난 시간을 잘 견뎌 준 ○○야,

정말 고맙다.

그동안 많이 힘들었지.

그런데도 널 돌보지 않고 자책만 해서 미안해.

앞으로는 너를 잘 보살필 거야.

네가 힘들 때 왜 힘든지 물어봐 주고,

네가 어떤 모습이어도 너를 지지할 거야.

네가 어떤 모습이어도 나는 너를 사랑할 거야.

3장

한계
알기

" 자신이 할 수 없는 일이 있다는 사실을 인정해야 합니다.
얼마나 큰 짐인지도 모르고 짊어진 채로는
이유를 알 수 없는 무기력과 우울을 경험할 뿐입니다. "

부모의 짐 Vs
자식의 짐

나이 사십을 훌쩍 넘겨서야 저는 지성에 대한 열등감 또는 지적 부족감에 평생 사로잡혀 살았다는 사실을 알게 됐습니다.

40대 중반쯤이었을 겁니다. 꿈을 꿨는데, 딱 보기만 해도 주눅들 정도로 지적이라 여겨지는 젊은 여성에게 꿈속에서 불타는 질투심을 느꼈습니다. 나는 오래전 대학원을 졸업했고, 꿈을 꾼 시기에는 박사과정에 입학한 상태에서 원 없이 공부하고 있던 때였습니다. 도대체 왜 내가 지적인 모습에 그토록 불타는 질투심을 느껴야 했을까 도무지 이해할 수 없었습니다. 가만히 생각해 보니 그녀의 외모가 내 젊은 시절 모습과 별반 다르지 않았습니다. 20대의 젊은 여성으로, 생머리에 화장기 없고, 어떤 꾸밈도 없이 무표정하면서도 빈틈없어 보이는 모습이었지요.

꿈속의 등장인물이 모두 자신의 내적 측면을 상징한다는 사실을 알고 나서야 그녀가 나의 어떤 심리적 측면이라는 사실을 인정하게 됐습니다. 그 꿈엔 돌아가신 어머니도 등장했는데, 그 꿈을 몇 년 동안 반복해 떠올리면서 그 지적인 여성과 어머니가 깊은 관련이 있다는 사실을 알게 됐습니다. 어머니는 친정어머니의 방해로 초등학교를 마치지 못했던 걸 평생 부끄러움으로, 한으로 여기셨습니다. 학교가 가고 싶었지만 외할머니는 머리를 땋아 주겠다며 시간을 끌었고, 집안일을 마치지 않았다고 트집을 잡았습니다. 어렸을 때부터 어머니의 애기를 들었던 탓이었을까요. 늘 지적인 열등감에 시달렸던 내 느낌이 어머니가 물려준 마음의 유산이었다는 걸 뒤늦게 깨달았습니다.

참 희한한 일입니다. 어머니는 내 나이 스물다섯에 돌아가셨고, 나는 어머니와 전혀 다른 삶을 살고 있다고 생각했는데, 그리고 40대 중반이었던 그 즈음엔 어머니콤플렉스도 웬만큼 극복했다고 생각했는데 나는 지식에 대한 한없는 부족감과 갈망으로 늘 배가 고팠습니다. 사실은 희한하지 않습니다. 나는 어머니가 '내가 좀 더 배웠다면…' 하며 한숨 쉬는 걸 보고 자랐고, 어린 시절 나는, 아이들이 보통 그렇듯 어머니와의 사이에 자아경계선이 뚜렷하지 않았습니다. 어머니의 고민은 곧 나의 고민이었고, 어머니의 한은 내가 풀어야 할 나의 숙제이기도 했습니다. 어머니가 돌아가시고 유품을 정리할 때 장롱 깊숙이 놓인 작은 상자 속에서 발견한 나의 대학교 등록금과

대학원 입학금 영수증, 그리고 절에서 받은 대학원 입학 기원 백일기도 영수증을 발견하고 얼마나 울었는지 모릅니다.

대놓고 자신의 못다 이룬 꿈을 이뤄 달라고 부탁하는 부모도 있습니다. 그럴 땐 문제가 더 심각합니다. 자식이 부모의 짐을 짊어질 때 느끼는 무게감은 말로 표현할 수 없을 만큼 큽니다. 그렇게 자식의 방황은 시작됩니다. 받아들이기엔 너무 무겁고 벗어나자니 죄책감이 가로막기 때문이지요.

인생에서 부모의 짐과 자신의 짐을 분리하는 건 매우 중요합니다. 부모는 나보다 큰 존재이기 때문에 부모의 심리적인 짐은 내 짐보다 훨씬 더 무겁습니다. 내 것이 아니기 때문에 나에게 딱 맞춤하지도 않습니다. 그래서 우리가 인생의 길을 갈 때는 부모에게서 넘겨받은 짐을 알아차리고 그들에게 다시 돌려줘야 합니다. '사랑하는 엄마, 이건 당신 짐이에요. 내 것이 아니네요' 하고 말이지요.

부모 역시 자식과 분명한 경계가 필요합니다. 많은 부모가 자식의 문제를 모두 떠안고 자기 책임이라고 생각합니다. 악쓰는 어린아이, 또는 무서운 중2병에 걸린 아이를 자신이 통제해야 하고 또 통제할 수 있다고 믿을 때, 그 책임감이 부모를 분노로 발작하게 만듭니다. 그 분노는 두려움에 뿌리를 두고 있습니다. 자식의 모든 문제를 부모가 해결하고 통제해야 한다는 신념이 무너질 때 부모가 느끼는 감정은 공포에 가깝습니다. 해결할 방법이 자신에게 없다는 건 상상할 수 없는 절망적인 상황이기 때문입니다. 특히 완벽주의 성격을 가진 부모의 경우엔 더 그렇습니다. 문제를 해결하지 못하는 상황은 그들에게 고문과도 다름없으니까요.

자신이 온당히 책임져야 할 짐은 내버려 두고 남의 짐을 진 경우도 있습니다. 애착 때문에 자식의 인생에 지나치게 개입해 아이의 인생을 대신 살고 있는 부모가 그에 해당합니다. 그들의 생각은 온통 자식에게 가 있어서 누가 아이의 주인노릇을 하는지 판단하기 어려울 정도입니다. 이렇게 부모가 자식의 삶에 깊게 관여할 경우 아이는 자신의 인생에서 소외됩니다. 부모의 삶도 소외되기는 마찬가지입니다. 존재를 일종의 자동차라고 본다면 부모는 아이의 차를 몰고 있고 아이는 뒷좌석의 구석진 곳에 우울하게 앉아 있습니다. 부모의 차는 더 말할 것도 없습니다. 그 차는 주차된 지 오래입니다. 먼지 쌓이고 부품은 점점 더 녹슬어 얼마 안 있으면 더 이상 운전이 불가능해질지도 모릅니다.

사회가 만들어 준 짐

자신의 것이 아닌 짐을 과도하게 떠안고 고통스러워하는 경우는 이외에도 많습니다. 사회적 모순이나 부조리, 그리고 국가의 잘못으로 인해 개인에게 전가된 고통을 마치 자신의 잘못인 양 떠맡아서 자책하고 괴로워하는 사람들을 많이 봅니다. 가난한 환경 탓에, 획일적인 교육제도와 기회의 불균등 탓에, 왜곡된 문화 때문에, 그리고 신자유주의가 만든 노동정책 때문에 불가항력의 어려움을 겪으면서도 자신의 무능만 원망합니다. 당신 탓이 아니라고 해도 진지하게 받아들이지 않습니다. 으레 하는 형식적인 위로라고 생각합니다. 워킹맘이 아이들을 기르면서 과중한 노동에 지쳐 악이 바치는 것도, 외모 때문에 비난받는 것도 사실 우리 개개인의 문제라기보다는 사회구조와 문화의 문제입니다. 한 개인의 유능함으로 극복할 수 있는 문제가 아니기 때문입니다.

어린 시절 동네에서 친하게 지냈던 친구 한 명은 사춘기가 되자 내게 이런 충격적인 고백을 했습니다. "내가 너무 못생겨서 남자들한테 미안해. 좀 더 예뻤더라면 좋았을 텐데…" 친구의 이 말엔 적어도 두 가지 강력한 사회적 함의가 있습니다. 자신이 사회적 기준에 비추어 못생겼다는 것이고, 또 자신의 외모가 남성을 위해 존재한다는 생각이 그것입니다. 물론 요즘 여성들도 마찬가지여서 지금도 많은 여성들이 외모 때문에 주눅 들어 있고 죄책감마저 가지고 있습니다. 요즘은 남성들도 다르지 않습니다. 그들도 사람들의 시선을 의식하기 시작했고, 사회가 만든 외모의 기준에서 벗어날 땐 극심한 스트레스를 느껴야 합니다. 남성들은 외모를 가꿀 수 있는 자유를 얻은 대신 여성과 마찬가지로 자신의 외모를 타인의 소유, 세간의 평가에 빼앗겨 버렸습니다.

사회구조가, 그리고 다수가 개인을 압박할 때 그것에서 자유로울 수 있는 사람은 거의 없습니다. 사회는 우리가 태어날 때부터, 그러니까 우리가 문제를 인식하고 그것에 저항하기 훨씬 이전부터 우리를 길들여 왔고, 지금도 쉴 새 없이 사회가 요구하는 인간이 되라고 속삭입니다. 통제하기 편한 인간, 자본주의적 조직이 필요로 하는 인간으로 말입니다. 그래서 우리는 어느새 말 잘 듣는 착한 사람, 성실한 사람, 모범생, 일중독자, 완벽주의자로 사는 것을 생의 진리로 여기면서 그 진리의 가이드라인에서 벗어나지 않으려고 발버둥 치게 됐습니다. 또 하나, 사회가 필요로 하는 인간형이 있는데, 그것은 개인의 불행을 철저히 자기 문제로 받아들여 그 불행의 책임을 모두 자신이 짊어질 수 있는 사람입니다. 사회구조적 한계를 자신의 문제로 떠안는 사람 말입니다.

자기 자신과의 무모한 싸움도 당신이 내려놓아야 할 짐입니다. 앞 장에서 나는 인간의 무의식이나 생각은 우리가 함부로 통제할 수 없는 영역이라고 이야기했습니다. 그런데 성격도 마찬가지입니다. 사람들은 자기 성격을 바꿔야 한다는 강박에 사로잡혀 있습니다. 자신의 성격을 변화시키지 않는 것을 일종의 태만이라고 생각하면서요. 실제로 대부분의 사람들이 자기가 가진 성격보다 다른 사람의 성격을 더 좋아하고 부러워합니다.

하지만 성격은 잘 변하지 않습니다. 성격은 한 개인의 독특하면서도 일관된 사고와 행동, 감정 패턴을 의미합니다. 이 같은 개인의 성격은 유전적인 요인과 환경적인 요인의 상호작용으로 결정됩니다. 다시 말해 성격은 선천적인 측면과 후천적 측면으로 구성되어 있다는 겁니다. 정신분석학이나 행동주의심리학 등은 후천적이고도 외적인 요인이 개인의 성격을 만든다고 주장했지만, 성격에 대한 연구가 발전하면서 유전적이고 선천적인 결정요인이 부각되고 있습니다.

『왜 나는 항상 욱하는 걸까』의 저자 토마스 자움 알데호프는 성격의 핵이라고 할 수 있는 기질은 선천적인 요소로서 평생 변하지 않는다고 말합니다. 우리가 아무리 자신을 변화시키려고 노력해도 성격의 핵심은 변하지 않습니다. 자기인식과 자기표현, 기분이나 태도가 일시적으로 오락가락할 수 있지만 다시 익숙한 패턴으로 돌아온다는 겁니다. 심지어 알데호프는 성격을 만드는 요인의 한 축인 환경역시 개인의 기질에 따라 만들어진다고 주장합니다. 나 역시 그의 주장에 일부분 동의합니다. 부모에게 호의적인 태도를 가진 아이가 부모의 사랑을 더 많이 받을 가능성이 존재하기 때문입니다.

그러니 타고난 성격을 자기 탓으로 돌리면서 자책하지 않아도 됩니다. 성격을 바꾸지 못했다고 괴로워하지 않아도 됩니다. 성격은 좀체 바뀌지 않을 뿐 아니라 위협적인 상황에서는 더 강화됩니다. 이 관점에서 보자면 원치 않는 성격을 물려줬다고 부모를 탓할 일도 아닙니다. 부모도 자식에게 물려줄 유전적 소인을 결정하지는 못하기 때문입니다.

다시 말하지만 당신을 그렇게 만든 막강한 힘을 보지 않고 자기 탓을 반복하는 건 일종의 '과대망상'입니다. 자신의 문제를 모두 자기 탓으로 여기는 건 자신이 그 문제를 해결할 수 있다고 믿는 것이기 때문입니다. 그런 점에서 우리는 돈키호테와 같은 허풍쟁이입니다. 사실은 우리에게 개인적 욕망이 있는지도 모릅니다. 그 어떤 문제라도 내 힘으로 극복해서 그 힘을 과시하고 싶은 욕심 말입니다. 아니면 현실을 직시하기 힘들어서, 불편한 현실을 인정하는 게 두려워서 자기 탓으로 시간을 보내고 있는지도 모릅니다.

문제해결의 시작점,
한계 알기

자신이 할 수 없는 일이 있다는 사실을 인정해야 합니다. 더 냉정하게 말하자면, 당신은 모든 면에서 유능할 수 없으며 모든 문제의 해결사가 아닙니다. 그게 자연스럽고 건강한 모습입니다. 나는 내가 부러워하는 사람보다 무능력한 게 사실이고, 죽을 때까지 그럴지도 모릅니다. 그래도 할 수 없습니다. 그게 자기 자신의 모습입니다.

그걸 어떻게 인정하냐고, 너무 비정한 거 아니냐고 생각할 수 있습니다. 그런데 자신의 한계를 알아야 보다 현실적인 대책을 세울 수 있습니다. 세상이 개인에게 짊어지워 준 짐이 무엇이며, 그 무게가 얼마만큼인지 알아야 하고, 자신의 능력이 어느 정도인지 정확히 파악해야 무엇을 해야 할지 계산이 나옵니다. 악을 쓰며 우는 아이를 혼자서 통제할 수 없다는 사실을 인정해야 누구의 도움을 받을지, 누구의 자문을 구할지 생각하게 됩니다. 얼마나 큰 짐인지도 모르고 짊어진 채로는, 이유를 알 수 없는 무기력과 우울을 경험할 뿐입니다. 그러니까 자신의 한계를 아는 것은 내려놔야 할 짐을 내려놓는 것입니다. 짐을 내려놓으면 잠시 헛헛하겠지만 훨씬 홀가분해집니다.

당신이 모두 해결할 수는 없습니다. 그러니 모든 걸 해결하겠다고 어깨에 잔뜩 힘을 준 채로 긴장하지 마십시오. 두려움과 공포로 얼어붙어 있지 않아도 됩니다. 차라리 한계를 깨닫고 맥이 풀려 주저앉는 게 더 나을지도 모르겠습니다. 주저앉아야 자신이 있는 그곳, 그 척박한 땅을 제대로 볼 테니까요. 그래야 막연한 기대와 막연한 슬픔 속에서 맴돌지 않고 쳇바퀴에서 빠져나올 테니까요.

제가 이렇게 말하면 사람들은 걱정합니다. 그렇게 책임지지 않으려고 하면 정말 의존적인 사람이 되는 게 아니냐고 말이에요. 물론 습관적으로 남의 탓을 하며 자기 경계 안에 웅크리고 있는 사람들이 있습니다. 그들에겐 자기 몫의 책임을 알려 줘야 합니다. 그러나 세상이 부과한 문제, 인간적으로 어찌할 수 없는 한계를 모두 자기 탓으로 끌어안고 자기비난을 습관으로 삼고 있다면 이젠 알아야 합니다.

3장에서는 아이를 통제하지 못해 자책하는 엄마들과 취업이나 따돌림 문제로 낮은 자존감에 시달리는 사연을 다루어 보았습니다.

상대를 부정하면 할수록
상대를 닮아 가게 된다

어린 시절 제 어머니는 회사일과 승진을 매우 중시하는 분이어서, 퇴근해서도 회사일을 하거나 독서 등에 시간을 쓰느라 자식들의 질문이나 부탁도 굉장히 성가셔했던 분입니다. 그런 어머니에게 상처를 많이 받아서 저는 자식을 낳으면 절대 그렇게 하지 않으리라 결심했습니다. 저도 직장을 다니면서 아이를 낳아 키우게 됐는데, 늘 옆에 있어 주고 사랑을 많이 주는 엄마가 되고 싶어서 남들이 부러워하는 직장도 그만두고 아이를 키우고 있습니다.

그런데 이상하게 저도 어머니가 했던 걸 아이에게 똑같이 반복하고 있고, 이 문제 때문에 매우 괴롭습니다. 아이가 질문이나 부탁을 하거나 작은 실수를 하게 되면, 아이에게 제 시간과 노동을 쓰는 게 너무 아깝고 귀찮고 성가십니다. 그래서 짜증과 화를 지나치게 내고 있습니다. 어머니가 저에게 했던 행동을 그대로 반복하고 있는 느낌입니다.

이것을 어떻게 해결해야 할지 모르겠습니다. 아이 때문에 회사를 그만뒀다는 원망도 전혀 없고 곁에 있어 줄 수 있다는 게 정말 기쁜데도, 이상하게 제가 하는 행동은 어머니의 차갑고 냉정하고 귀찮아하던 행동과 똑같습니다. 저의 분노가 너무 커서 그런 거 같아서, 어머니가 그럴 수밖에 없는 상황이었음을 이해하면서 어머니에 대한 분노가 많이 없어졌는데도 왜 저는 어머니와 같은 행동을 반복하는지, 도저히 알 수 없는 이 마음 때문에 고통스럽습니다. - 김민지

●●

'나는 엄마처럼 하지 않을 거야'라고 수없이 다짐했는데, 아이를 낳아 기르다 보니 어느덧 엄마처럼 하고 있더라는 이야기는 여성들에게는 거의 괴담에 가깝습니다. 그렇게 미워하고 원망했던 어머니의 모습을 닮다니, 참 인정하기 어려운 현실일 겁니다.

문득 이런 재미있는 일화가 생각납니다. 어떤 사람이 인도의 구루(힌두교, 불교, 시크교 같은 종교에서 스승을 일컫는 이름)에게 물었습니다.

"신을 사랑하는 사람과 신을 미워하는 사람 중에서 누가 먼저 깨달음에 이르겠습니까?"

그러자 구루가 이렇게 말했습니다.

"신을 사랑하는 사람은 7번의 윤회 끝에 부처가 되지만 신을 미워한 사람은 3번의 윤회 끝에 부처가 된다."

그러자 의아해진 사람이 묻습니다.

"미워한 사람이 더 빨리 부처가 된다니 왜 그렇습니까?"

"신을 미워하는 사람이 사랑하는 사람보다 더 많이 신을 생각하기 때문이다."

나는 이것을 '미움이 가진 애착의 힘' 또는 '부정적인 애착의 힘'이라고 이야기합니다. 실제로 우리가 누군가를 미워하거나 원망할 때 얼마나 그에 집중해 있는지 모릅니다.

'절대 엄마 같은 사람이 되고 싶지 않아' 하는 생각도 마찬가지입니다. 이런 부정적이고 완고한 생각은 그 자체로 긴장과 불안을 불러와 부정적인 태도를 더 강화시킵니다. 무엇보다, '절대 안 되는 일'이란 존재하지 않기 때문에 실패는 자명한 사실이 됩니다. 그러면 자책감과 우울감이 깊어지고, 실패를 만회하기 위해서 앞으로는 더욱더 '절대 안 된다'고 다짐하게 됩니다. 이런 식으로 해서는 결코 엄마와 달라질 수 없습니다. 오히려 엄마와 더 동일시하게 될 것입니다. 신을 미워한 사람이 더 빨리 신이 되는 것처럼 말이지요.

김민지 님, '나는 엄마처럼 하지 않을 거야' 하는 다짐도, '내가 왜 엄마처럼 하고 있지?' 하는 자책도 이제 내려놓으세요. 엄마와 관련한 그 복잡한 마음의 짐을 내려놓으세요. 아이에게 잘해 주지 못하는 것만으로도 속상한데, 거기에 '내 어머니처럼 잘못하고 있다'는 평가까지 덧붙여지면 마음이 더 무겁고 고통스러워질 겁니다.

엄마를 염두에 두지 말고 엄마와 비교하지 말고, 그냥 자기 자신을 보세요. 아이 돌보기가 귀찮고 성가시며, 시간이 아깝다는 생각은 당신의 엄마뿐 아니라 많은 엄마들이 때때로 하고 있습니다. 아이를 키우느라 정작 자신의 욕구와 꿈을 희생시켰기 때문에 느끼는 피해의식일 수 있습니다. 어머니처럼 하지 않으려고 너무 애를 쓰다 지쳐서 짜증이 나는 것인지도 모릅니다. 그럴 땐 아이를 향해 웃는 시늉조차 하기 어렵지요. 어머니의 피해의식을 물려받기도 했을 겁니다. 어머니의 딸로 오래 살았으니까요.

그런들 어떤가요? 괜찮다고 스스로를 다독이며, 우선 어머니 때문에 아팠던 자신의 마음을 더 보듬으세요. 그리고 '절대 ~하면 안 돼'라는 생각 대신, '그럴 수도 있어. 나라고 완벽한가. 조금씩 달라질 거야' 하는 마음을 가지세요. 그게 바로 부모의 짐을 내려놓는 또 다른 방법입니다. 엄마에 대한 애착도, 엄마로부터 벗어나려는 몸부림도 멈추고 자신의 미숙함을 그냥 지켜보는 것입니다.

김민지 님에게 두 가지 글쓰기를 권합니다. 하나는, '아이가 내게 뭔가를 요구하면 나는 귀찮고 성가시다고 느낀다. 왜냐하면 …'으로 시작하는 글을 써 보세요. 귀찮고 성가신 마음을 충분히 토로하고, 왜 그런 감정과 생각을 갖게 됐는지 원인도 찾아보세요. 아이에 대한 부정적인 감정을 억누르는 것보다 먼저 할 일은 김민지 님 자신의 솔직한 마음을 아는 일입니다. 글을 쓸 때 그 어떤 경우에도

'이러면 안 돼' 하고 자신을 질책하면 안 됩니다. 실컷 분통을 터뜨리세요. 그렇게 감정을 해소할 수 있다면 아이에게 좀 더 친절해질 거예요.

또 한 가지, 당신이 엄마로서 어떤 장점을 가지고 있는지 날마다 5분씩 목록으로 적어 보세요. 최대한 많이, 그리고 아주 구체적으로 적어 보는 겁니다. '아이에게 반찬을 만들어 줬다. 아이 방을 청소해 줬다. 아이가 사랑스러운 태도를 보일 때 웃어 줬다. 아이에게 예쁜 옷을 사 줬다' 하는 식으로요. 심지어 '오늘은 마음이 편안했다' 이런 것도 좋습니다.

추측건대 하루 종일 아이에게 화와 짜증을 내지는 않을 겁니다. 그러니 자신의 긍정적인 태도에 관심을 갖고 찾아보고, 그 부분을 칭찬해 주세요. 스스로에 대해 자부심을 느낄 때 세상에 대해서도 관대해질 수 있으니까요.

친구 같은 모녀관계의
이면

◇◇◇◇

결혼 16년 차, 중3 아들과 초6 딸을 키우는 워킹맘입니다. 문제는
올해 초6인 딸내미입니다. 우리 딸을 설명하자면 한 달 전까지만
해도 의욕 넘치고 전교 1등 놓치지 않고 사교육 없이 대학부설 과
학영재원에 입학했으며, 피아노는 대학교수님이 전공을 적극 추천
할 정도로 실력이 출중한, 한마디로 팔방미인이랍니다. 문제는 얼
마 전부터 생리를 시작했고 말수가 적어졌으며, 『사자소학』을 저
와 함께 공부한 아이라 예의 바르기가 이루 말할 수 없던 아이였는
데 아무리 불러도 대답이 없고…. 요즘 딸을 보면서 제 가슴에 불
덩어리를 넣고 있는 기분이 들 때가 한두 번이 아닙니다.

며칠 전에 딸의 하교 시간에 잠깐 회사에서 나와 맛있는 간식 좀
사 주려고 학교 앞에 가서 연락했더니 싫다더군요. 한마디로 딱 잘
라서…. 눈물을 흘리며 운전하고 가는데 너무 비참하더라고요. 엄
마의 뜻을 저버린 딸의 마음은 어떤 심정일까 궁금하기도 하고요.
그렇지만 저는 자꾸 사랑한다고 얘기합니다. 밉다가도 딸의 얼굴
을 보면 다 사랑스러워요. 눈도 코도 입도 모두가 다…. 그런데 그
런 나를 딸은 이제 싫다고 합니다. 제가 많이 잘못하고 있는 걸까
요? 이번 주말에는 웬일인지 저의 데이트 신청을 받아 주더라고
요. 단둘이서 영화 보고 맛있는 것도 먹고 쇼핑도 하자고 약속했어

요. 그런데 저는 좀 두려워요. 또 언제 바뀔지 모르니까요.

저의 요즘 최대 고민은, 딸아이가 학교 수업을 마치고 학교 주차장에서 몇몇 친구들과 춤을 연습하거나, 노래를 부르거나, 휴대폰을 보며 시간을 보낸다는 거예요. 예전엔 도서관에 가거나 집에 가서 숙제나 공부를 했는데요. 너무 걱정돼 담임선생님께 여쭤 봤더니 선생님도 날마다 보며 퇴근하시는데 걱정할 정도는 아니라고 하시더라고요. 이제 곧 중학생이 되는데 아이가 시간을 헛되이 보내는 게 너무너무 안타깝고 속상하고 그렇답니다. 그래서 한 시간 단위로 스케줄을 짜서 내밀어 볼까 하는데 솔직히 두렵습니다. 호응이 없을까 봐, 절대 못 한다고 할까 봐요. 이렇게 애가 타는 저 정상인가요? 우리 딸 정상일까요? - 코끼리맘

●●

'친구 같은 모녀관계'는 요즘 엄마들의 로망입니다. 하지만 나는 '친구 같은 모녀관계'의 이면을 조심해야 한다고 생각합니다. 부모자식이라는 본능적인 관계에 친구관계까지 더해지면 엄마와 딸의 상호의존성과 밀착 정도는 상상을 넘어섭니다. 특히 딸이 어릴 때부터 엄마와 이중관계로 밀착되어 있다면 둘 사이의 관계 맺기에 혼란은 없는지 돌아봐야 합니다. 사실 친구 같은 모녀관계는 어디까지나 엄마 편에서 그렇습니다. 딸과 친구처럼 지내면서 젊어지는 기분을 만끽하다가도 필요할 때는 언제든지 태도를 바꾸어 부모노릇을 하

면서 아이를 혼란스럽게 하니까요.

모녀관계가 밀착되어 있을 때는 딸아이가 친구를 잘 사귀고 있는지도 살펴야 합니다. 아이가 가족에게서 모든 관계 욕구를 해소하려 한다면 그게 오히려 걱정이겠지요. 다행히도 코끼리맘 님의 따님은 사춘기가 시작되면서 엄마와 거리를 두기 시작했고, 또래 친구와의 관계를 본격화했네요. 아이가 제대로 성장하고 있으니 축하해 줘야 할 일입니다.

딸에게 거절당해 눈물 흘리시는 모습을 보니 모녀관계가 역전된 게 아닐까 하는 생각도 듭니다. 모녀관계가 역전되면 엄마가 딸을 부모처럼 생각해서 의지하고, 딸의 인정과 사랑을 받기 위해 노심초사하게 됩니다. 그 또한 딸 입장에서는 참 혼란스러운 일일 겁니다.

딸을, 자신의 못다 이룬 꿈을 완성해 줄 존재로 보는 엄마들도 있습니다. 그런 엄마들에겐 딸이 엄마의 내면에 잠재된 가능성이나 미래와 같은 존재입니다. 그래서 딸과 일심동체가 되어 미래를 꿈꾸고, 그것을 통해 삶의 의욕을 얻고, 딸을 통해 자존감을 느끼며, 시시때때로 그녀의 삶을 엿보면서 살아갑니다. 나중엔 그것이 딸의 삶인지 엄마의 삶인지 분간할 수 없게 됩니다. 이렇게 딸의 일에 개입하는 건 딸의 인생을 빼앗고, 무엇보다 엄마 자신의 인생을 내팽개치는 위험천만한 모습이지요.

자기 자신과 자기 인생을 외면한 부모가 그 공허함을 보상받기 위해 자식에게 매달리기도 합니다. 자신에 대한 우울함을 자식에 대한 근심 걱정으로 대체하고, 자신의 문제를 해결하는 대신 자식문제로 전전긍긍하면서요. 그럴 때 자식이 느끼는 인생의 무게감은 말로 표현할 수 없습니다. 오래 묵은 부모의 한, 부모의 꿈까지 짊어졌으니까요.

코끼리맘 님, 물고 빨던 사랑스러운 자식이 당신의 품을 벗어나려고 하니 심장이 빠져나가는 것처럼 허전하시지요? 한 시간 단위로 공부시킬 계획은, 제 눈에는 딸아이를 조금이라도 더 자기 품에 가두고 싶어 하는 엄마의 애절한 욕망으로 보입니다. 하지만 그런 식으로 아이를 붙들려 한다면 당신의 우려대로 아이는 엄마의 요구를 거부할 거고, 무엇보다 엄마에게 실망할 겁니다. 그러니 딸과의 사이에 느껴지는 거리감을 허용해 주세요.

그리고 코끼리맘 님은 당신 자신의 삶을 살아야 합니다. 당신에게도 다양한 삶의 영역들이 있을 겁니다. 직장일, 부부관계, 그 밖의 수많은 인간관계, 그리고 자신의 취미, 미래 계획 같은 것들 말이지요. 그 삶의 영역들을 잘 가꾸고 그것을 통해 행복을 맛봐야 합니다. 딸의 사랑을 잃을까 그토록 노심초사하고 있다면 무엇보다 당신 내면에 돌봐야 할 어떤 심리적 측면이 있는지 생각해야 합니다. 미뤄두고 외면한 내면의 문제가 있는지 가만히 되돌아보세요.

성격은 좋다, 나쁘다로
판단할 수 없다

잠든 아이 보며 미안하다 이야기하고 속상해서 이 글을 씁니다. 저는 7세 아들, 5세 딸을 둔 서른두 살의 전업주부예요. 대학 졸업하자마자 결혼하고 유치원 교사로 3년 일했고 둘째를 가지면서 전업주부가 되었어요. 아들은 말을 잘 들어주고 의젓하게 행동하는 아빠 닮은 착한 아이이고, 딸은 저를 닮아 천방지축 활발한 여자아이예요. 갈등은 늘 둘째와 생기는 것 같아요. 요구도 많고 고집 세고 감정이 세서 화가 나면 소리 지르며 우는데, 제가 그 소리를 들으면 점점 화가 나요. 그때 드는 생각은 '이 악쓰는 소리 정말 듣기 싫다. 다른 집에서 듣고 신고하겠다. 왜 얘는 이렇게 화가 많을까. 이 버릇을 고쳐 주어야겠다' 등등 그 소리가 너무 싫게 느껴져요.

서너 살 때는 온몸을 누르고 진정시킨답시고 훈육하는데, 아이는 그대로 잠들거나 제가 화를 못 참고 장난감 낚싯대 등으로 매를 들기도 했어요. 저는 부모님께 맞고 자라지도 않았고 학교 다닐 때 때리는 선생님은 이해가 안 되고 그랬는데, 제가 지금 제 아이를 때리고 있다는 죄책감이 저를 또 괴롭혀요. 얼마나 어떻게 반성해야 할까요. 제가 어떻게 해야 이 관계에서 승리하는 걸까요? 좋은 엄마, 고마운 엄마가 되고 싶은데, 직장과 커리어도 포기할 만큼 소중한 가족인데, 자고 있는 모습 보면 천사 같은 아이인데 저를 닮은 모습일 텐데…. 이럴 때 우리 엄마는 웃으며 이해해 줬는데 부족한 제 모습이 너무 속상해요. - 다연맘

●●

아이 재워 놓고 홀로 자책하며 이 글을 썼을 다연맘 님의 모습이 떠오릅니다. 그래요. 많은 엄마들이 미숙한 엄마노릇을 괴로워하며 남몰래 뜨거운 눈물을 흘립니다.

저도 예외는 아니었습니다. 어머니와의 관계에서 생긴 상처, 목표지향적이고 성마른 성격, 실수를 용납하지 못했던 완벽주의 등등 정리되거나 성찰되지 못한 제 내면의 문제 때문에 아이와 격렬하게 싸우고, 상처 주고, 또 후회하기를 반복했지요. 특히 저는 첫째 아이에게 못된 엄마였는데, 아이가 제 속도를 따라오지 않는다고 고함치고 윽박질렀답니다.

이처럼 미숙했던 엄마노릇을 돌아보며 죄책감에 젖곤 하지만 사실 아이가 악을 쓰는데 그 누구도 마음 평온할 리 없습니다. 더구나 내 아이가 그렇다면 더더욱 불편하고 불안하지요. 아이의 모든 문제를 다 엄마 책임이라고 느끼기 때문입니다.

하지만 다연맘 님, 이제 그 책임감을 내려놓으세요. 직장도 커리어도 기꺼이 접으셨을 만큼 좋은 엄마, 고마운 엄마가 되기 위해 노력했겠지만, 진정으로 좋은 엄마는 아이를 자신의 책임감에서 놓아주는 엄마입니다. 두 아이를 키웠으니 아시겠지만 아이들은 제각

기 타고난 성격이 있으며, 그것은 부모가 노력한 결과가 아닐 뿐 아니라 잘 변하지도 않습니다.

실제로 아이들은 태어날 때부터 저마다의 기질을 갖고 있습니다. 막 태어났을 때 아기들은 대체로 세 유형으로 분류됩니다. 순한 기질, 까다로운 기질, 더딘 기질이 그것입니다. 그중에서 까다로운 기질의 아동은 정말 기르기 힘듭니다. 그런 아이들은 생활습관이 불규칙하고, 외부 자극이나 욕구 좌절에 대해 강하게 반응합니다. 큰 소리로 울거나 웃는 식으로 정서반응도 강하고 부정적인 정서도 자주 보이지요. 이런 아이를 기를 때 초연할 수 없습니다. 아이를 잘 다루는 건 더 어려운 일입니다. 왜 우는지, 왜 짜증을 내는지 말이 통하지 않으니 이유를 몰라 그저 쩔쩔 맬 뿐이지요.

그러니 엄마라고 해서 당신이 모두 책임지고 통제하려고 애쓰지 마세요. 통제하려는 마음을 내려놓으면 그만큼 분노도 줄어듭니다. 그러면 아이가 떼쓰는 걸 비교적 차분하게 지켜볼 수 있을 거예요. 가만히 바라보면서 왜 그러는지, 불편한 게 뭔지 물어봐 주세요.

관계에서 승리하는 법을 물으셨는데, 그것이 자식과의 관계일지라도 인간관계에서 승리하는 법이 있을까 싶습니다. 건강한 관계는 제패하거나 승리하는 게 아니고 서로 조율하고 수정하면서 유지해 나가는 것입니다. 그러니까 건강한 관계엔 조화뿐 아니라 불화도 포함돼 있다는 말씀입니다. 티격태격, 옥신각신하면서 서로 배우고 이해하면서 조금씩 앞으로 나아가는 겁니다.

글에서 보니 아들은 아빠를 닮아 좋은 성격을 가졌고, 딸은 엄마를 닮아 천방지축 활발하다고 서술하셨네요. 요구도 많고 고집 세고, 감정이 세다는 표현도 하셨고요. 아들과 남편의 성격을 높게 평가하는 반면 자신과 딸에 대해선 그렇지 않다고 느끼는 것 같습니다.

대체로 부모들은 자기 성격을 닮은 자식을 좋아하지 않습니다. 자신의 성격을 마음에 들어 하지 않기 때문이겠지요. 그래서 자기가 자신을 미워하는 만큼 자식을 미워하고, 자신의 성격을 감추고 억누르는 만큼 자식에게도 그것을 요구합니다. 다시 말해 자신이 아이를 대하는 태도는 자기가 자신의 성격을 대하는 태도와 같다는 것입니다.

다연맘 님, 자신의 성격을 좋아하지 않으셨다면 이제는 그 태도를 변화시켜야 합니다. 그 어떤 성격이든 살아가는 데 유용한 점도, 불편한 점도 있습니다. 어떤 성격도 좋다, 나쁘다로 판단할 수 없습니다. 그래서 타고난 성격은 호불호의 대상이 아니고 수용의 대상입니다. 평생 우리의 성격을 유지할 테니까요. 유용한 점은 잘 살리고 불편한 점을 보완하면서, 더 나아가 불편한 점이 가진 긍정성을 새롭게 발견하면서 당신과 당신을 닮은 둘째 아이의 성격을 사랑스럽게 바라봐 주세요.

부모를 경멸하고 조롱하는
중2 아들의 심리

중학교 2학년, 초등학교 4학년 아들이 있습니다. 한 6개월쯤 되어 가는 것 같습니다, 이 지옥 같은 시간이. 첫째 아이는 부모인 저희를 조롱하고 비아냥거리고 욕설을 하며 친구에게 중계하기도 합니다. 저희는 무대응으로 일관하고 있습니다. 아이와 마찬가지로 욕설과 폭력으로 대응해 봤으나 달라지는 것은 없었습니다. 이제는 그런 아이를 보는 것이 너무 괴롭고 무섭기까지 합니다.

아이는 어렸을 때 자기가 원하던 것을 해 주지 않았고, 체벌이 있었던 것을 말합니다. 그것은 저희 부부의 양육 철학(당시에 스마트폰이 교육적이지 않다는, 그래서 알뜰폰으로 대체)이었고, 회초리로 체벌하여 나름대로는 감정적으로 대처하지 않는 선에서 아이를 훈육했다고 생각했으나, 아이가 분노하고 있으니 그 모든 것에 대해 진심으로 용서를 빌었습니다. 그러나 아이는 외면하고 있습니다.

아이는 여성적인 성향이 강한 아이입니다. 남자아이들과 잘 어울리지 못하고 공감하는 것이 적어 보였습니다. 바로 그런 점이 중학교 1학년 때 반 친구의 타깃이 되어, 심각하진 않았지만 문제가 되었습니다. 아이에게 해당 건에 대해 엄마가 어떻게 도와주면 좋겠냐고 물었고, 제가 개입을 했습니다. 친구가 사과했다고 해서 잘 처리된 줄 알았는데 그게 아니었나 봅니다. 아이의 학교생활은 순탄하지 않았습니다. 그렇게 작년 가을이 되었고 그때부터 아이는 게임에 **빠졌습니다.** 온종일 게임만 했습니다. 그로 인해 갈등이 정말 많았지요.

갖은 협박과 가끔의 폭력도 아이를 바꿀 수는 없었고, 그러다 친구를 사귀었는데 좋지 않은 친구였던 것 같습니다. 아침이 될 때까지 통화하고, 새벽 2시, 3시에 나가 네댓 시에 들어오기도 했습니다. 현재는 같은 학교 한 학년 위 여자아이와 이성 친구가 되었습니다. 이 아이들이 통화하는 내용이며 문자 내용이 기가 찰 정도입니다. 여자아이가 성에 관심이 많은가 봅니다.

저에 대한 경멸, 모욕에도 아이에게 기다리겠다, 사랑한다 편지도 써 보고 했으나 소용없고, 이제 저도 무력증에 **빠져** 작은아이에게도 친절하고 건강하고 안정된 엄마가 되지 못하고 있습니다. 가능하다면 도망치고 싶습니다. 남들 얘기처럼 이 또한 지나갈까요? 기다리면 정말 돌아올 수 있나요? - 백미

● ●

'중2병'은 가히 세계적인 경향입니다. 『중학생은 왜 가끔씩 미치는 걸까?』라는 책을 쓴 리처드 마셜과 샤론 뉴먼은 중학생 시기의 아이들이 보이는 이해할 수 없는 증상을 뇌의 변화와 연관해 설명합니다. 어린아이에서 성인으로 옮겨 가는 사춘기 아이들의 뇌는 아주 불안정한 상태입니다. 저자의 설명에 의하면 사춘기 뇌는 생식능력과 2차 성징을 발달시키고, 위험한 행동을 감행하려는 충동을 유발

하는 호르몬을 분비합니다. 그래서 아이들은 자신의 성적인 느낌을 여과 없이 드러냅니다. 감정 관련 뇌의 부분도 그 시기에 가장 급격하게 발달하기 때문에 저자는 그것을 불꽃축제의 폭죽에 비유합니다. 불꽃이 폭발하듯 동시다발로 감정이 터진다는 말이지요. 하지만 감정과 충동을 절제할 수 있는 전두엽은 20대 중반에야 완전히 성숙하기 때문에 그때까지 아이들의 감정과 행동은 문단속이 안 되는 우리 속 야수와 같습니다.

제 맘대로 하는 것처럼 보이지만 아이들도 힘듭니다. 아이와 어른의 과도기에서 자신의 정체성을 잃어버린 때고, 어린 시절의 막연한 환상과 전능감이 무너지는 때입니다. 무엇보다 부모로부터 심리적으로 독립하라는 내면의 요구에 따라, 자신의 의지와 상관없이 행동하게 되는 상태이기 때문에 혼란스러움이 절정에 달해 있을 겁니다.

마음먹은 대로, 의지대로 행동할 수 없는 상태를 우리 어른들도 경험합니다. 그럴 때의 당혹감은 말로 표현할 수 없으며, 우리는 자신에게 실망하고 자기비난에 빠져들지요. 사춘기를 심하게 앓는 아이들이 바로 그렇습니다. 통제되지 않는 감정과 충동에 대한 자기비난을 피하기 위해서 외부에 공격할 대상을 만들어 그들을 비난하고 괴롭힙니다. 아마 백미 님의 아이는 부모를 그 공격 대상으로 삼은 것 같습니다.

안타까운 일이지만 그 시기의 부모는 무력감과 모욕감에 시달리면서도 이렇다 할 해결방법 없이 고통을 견뎌 내야 하는 존재인 것 같습니다. 그러니 부모가 자식을 통제할 수 있을 거라는 생각을 완전히 내려놓아야 합니다. 당신이 잘못 기른 결과라는 막연한 자책에서도 벗어나시고요. 아이들은 정말 제각각이어서 어떻게 대하는 것이 올바른 건지 아무도 장담할 수 없습니다. 내가 낳은 자식이라도 내가 함부로 어찌할 수 없는 엄연한 타자라는 사실을 인정하고 나면 상실감과 함께 의외의 홀가분함이 찾아옵니다.

물론 부모로서 기본적으로 할 일은 해야겠지요. 위 책의 저자들은 아이를 비난하지 말고 든든한 후원자로, 그리고 안전을 책임질 보호자로 남아야 한다고 말합니다. 아이가 지독한 방황 끝에, 가장 부끄러운 모습으로도 결국은 부모에게 돌아올 수 있게 말입니다.

쉽지 않을 겁니다. 아이는 부모의 한계를 시험하듯 더 높은 수위로 자극할 거고, 부모는 그 교활한 시험에 자주 걸려들어 몸부림칠 겁니다. 그래도 괜찮습니다. 부모도 감정을 가졌으니 못난 모습을 보이며 휘청거릴 수 있습니다. 다만 '네가 어떤 모습을 보이더라도 우리는 너를 기다려 줄 것'이라는 의지만 단단히 챙기세요.

이처럼 부모는 자식 때문에 의도치 않게 변화의 소용돌이에 말려듭니다. 이제까지 가졌던 삶의 철학, 양육에 대한 신념이 모두 흔들리고 무너지는 고통을 경험하고, 자식에게 깊은 배신감을 느끼면서요. 그동안 옳다고 여겼던 모든 것을 회의하고 점검하게 되지요. 야속하게 들릴 수 있지만 그 시기는 우리 어른들이 성장하기 참 좋은 때입니다.

이참에 부부가 자신의 모습을 돌아보시기 바랍니다. 자신의 성격과 삶에 대해서, 옳다고 믿었던 신념과 행동에 대해서, 그리고 시대의 흐름에 대처하는 방식에 대해서 말입니다. 제가 추측하기엔 백미 님 부부가 부모로서 굉장히 훌륭한 자질을 가지고 계시지만 당신의 아이를 다루기엔 너무 엄격했고, 당신들의 양육 방식에 대해 과신했던 것 같습니다.

상담도 권합니다. 추측건대 아이는 상담을 원치 않을 테니 부모님이라도 상담과정에서 자식에게서 입은 상처와 분노를 숨김없이 드러내 위로받았으면 좋겠습니다. 부모의 자기 치유와 성장이 이 시기를 견뎌 낼 힘을 길러 줄 것입니다.

정말 노력이 모자라서
성공하지 못하는 걸까

저는 27세 여자이고, 취준생입니다. 말이 취준생이지 사실 백수입니다. 대학 다닐 때 취업 걱정을 별로 하지 않았는데 앞으로 어떤 일을 하면서 살아갈지 막연해서 생각하고 싶지도 않았나 봅니다. 졸업 뒤 1년 동안 공무원 시험 준비를 했지만 낙방했습니다. 생각해 보면 공부할 때가 제일 행복했습니다. 날마다 성취감을 느낄 수 있고, 합격에 대한 희망이 있었기 때문입니다. 이젠 학자금 대출도 갚아야 하고, 자립해야 하기 때문에 더 이상 공부를 할 수는 없습니다. 그래서 취업을 생각하는데 쉽지 않습니다.

저는 사회과학 계열을 전공했는데, 어떤 기업도 사회 계열은 찾지 않더군요. 그럼 뭘 할 수 있을까 고민하다 세무사 사무실에서 일해야겠다 싶어, 전산회계와 전산세무를 공부했습니다. 그런데 생각보다 어렵고, 또 연봉도 낮고, 야근도 많이 하고, 배우는 것도 별로 없는 등 너무 안 좋은 정보가 많아 망설여졌습니다. 그러다가 웹 디자인을 배워 볼까 싶었는데 국비 지원받는 학원은 정부보조금만 챙기고 대충 가르친다 등등 또 안 좋은 글들을 보고 말았습니다. 제가 할 수 있는 일은 경리, 사무보조뿐인 것 같아서 이력서를 내 봤지만 모두 서류 탈락이었습니다.

그러던 중 집에서 가까운 리조트에 '프런트'(계산대) 업무 공고가 떠서 지원했습니다. 그런데 면접을 보러 갔더니 제가 정장을 입지 않았다는 이유로, 복장이 그게 뭐냐며 기본이 안 되어 있다고 차가운 말투로 "보아하니 나이는 있고, 취직해야겠다 싶어서 하고 싶은 일도 아닌데 지원했나 본데, 이러면 아무도 취직시켜 주지 않아요"라는 겁니다. 면접장을 나오니 그냥 눈물만 나더군요. 내가 이렇게 쓸모없는 사람인가, 바퀴벌레만도 못한가 싶었습니다. 사실 다 맞는 말이었습니다. 서비스직은 하고 싶지도 않았습니다. 그 이후로 면접 보기가 너무 무서워졌습니다. 온 지구가 저를 비난하는 것 같습니다. 어쩌면 저는 남한테 평가받는 것 자체를 무서워하는 건지도 모르겠습니다.

요즘엔 잠도 잘 못 자고, 해가 차라리 안 떴으면 하는 생각도 합니다. 깨어나도 할 일이 없으니까요. 부모님은 농사를 지으셔서 아침마다 일하러 나가시는데, 제가 잉여처럼 느껴지고, 앞날을 생각하면 너무 무섭습니다. 울고 싶어서 부모님 일 나가시면 몰래 울고 그럽니다. - 서윤지

●●

서점에 가 보면 청년 대상의 자기계발서가 꽤 많이 나와 있습니다. 그 책의 저자들은 대부분 한때 심각한 열등생이었거나 고난의 청춘기를 보낸 사람들이어서 나름 젊은이들의 고민을 잘 이해하고 또 꽤 설득력 있게 조언합니다. 자신을 남과 비교하지 마라, 인생의 바닥을 경험하라, 자신만의 스펙을 쌓아라, 끈기를 가져라, 자신감을

가져라, 선택과 집중을 하라, 열정을 따르라 등으로요.

그런데 저는 50년을 넘게 살았지만 잘 모르겠습니다. 어떤 게 삶의 올바른 지침인지 말이지요. 이런 조언들은 마치 개인이 노력하면, 개인이 지혜로우면 사회적으로 성공할 수 있다고 말하는 것 같은데 정말 그럴까요? 그렇다면 성공하지 못한 사람들은 그들과 같은 노력을 해 보지 않았을까요? 성공도 실패도 모두 한 개인만의 문제일까요?

요즘 젊은이들의 취업 문제는 그들의 어린 시절에서 시작되는 것 같습니다. 그들은 자신이 좋아하는 게 뭔지, 자신의 개성이 뭔지 철저히 외면하는 교육을 받으며 자랐습니다. 소득과 학교 성적이 정확히 비례하는 시대를 살고 있어서 마음은 잔뜩 위축되어 있고요. 학교는 어떻게 살 것인가가 아니라 무엇을 하며 살 것인가를 주로 고민하는 직업교육의 장이 된 지 오래지요. 또 우리 문화는 실수나 실패, 미숙함에 대해 유난히 혹독하고, 개인을 평가할 때는 일상의 행복보다 집단에 대한 기여도를 훨씬 우위에 두기 때문에 사람들은 늘 비난당하고 있다는 심정, 뭔가 의무를 해내야 한다는 마음으로 긴장해 있습니다. 그렇게 자란 젊은이들이 세상에 나왔을 때 공황장애 증상을 경험하는 건 너무 당연한 것 같습니다. 나라고 하는 존재감 없이, 혼 없이 이 엄청난 속도의 세상으로 유입되었기 때문이에요.

따라서 서윤지 님, 당신이 이토록 심리적으로 고통받는 건 당신 개인이 문제라서, 쓸모없어서, 그리고 잉여라서 그런 게 아니라는 말을 해 주고 싶습니다. 당신이 느끼고 있는 어지럼증을 이미 중고등학교 때부터 호소하는 아이들이 부지기수니까요. 학교도 부모도 이 예측 불가능의 사회에서 자기 자신을 좌표로 삼아 살아가는 법을 알려 주지 않았기 때문입니다. 자신을, 자신의 욕구를, 자기 생각을 믿을 때 가장 후회 없고 안전하며, 만약 실패해도 거기서 뭔가를 배울 수 있다고 말해 주는 이가 없었기 때문입니다. 그래서 당신도 아무런 기준 없이 이런저런 정보에 따라 흔들리고 있는 겁니다.

서윤지 님, 서비스 직종의 일이 싫다는 자신의 감정을 믿어 주세요. 그리고 직업에 대해, 처음부터 다시 시작하는 기분으로 생각해 봤으면 좋겠습니다. 아무래도 저는 직업 선택의 기준이 자기 자신이어야 할 것 같습니다. 자신이 원하는 것, 자신이 잘하는 것, 자신을 지치게 하지 않는 일 중에서 찾아야 합니다. 또는 자신의 판단과 직관도 믿어야 하고요. 그러려면 내가 원하는 것과 잘하는 게 무엇인지, 나는 어떤 성격유형인지부터 알아야겠지요. 세상이 당신을 주눅들게 할수록 당신 자신을 찾아 당당해져야 합니다. 혼란스러운 지금의 시간도 아마 그걸 찾는 시기일 겁니다.

이 세상 무엇이든 결국 첫걸음부터 시작해야 합니다. 그 첫걸음이 바로 나 자신을 이해하는 것입니다. 그렇게 여유를 부리다 낙오자가 되지 않을까 속이 타더라도 첫걸음 없이 시작되는 일은 없는 것 같습니다. 지구의 중력을 거스를 수 없는 것처럼 말이지요. 우리 사회 기성세대로서 미안하고 안쓰러운 마음으로 당신을 응원합니다.

관계 맺기도
오랜 훈련이 필요하다

십대 후반부터 우울증을 앓아 온 40세 싱글녀입니다. 제 오랜 고민
은 친구를 못 사귀는 것입니다. 저는 여태껏 사람이든 뭐든 진심으
로 사랑해 본 적이 없어요. 엄마와 아빠 그리고 동생들까지 오래도
록 미워했고, 아주 어려서부터 친구가 없어서 또래들과 수다를 떨
며 웃거나 마음속 애기를 나누거나 했던 경험이 없습니다.

학교 다닐 때 점심시간엔 같이 밥 먹을 애가 없어서 책상에 엎드려
잤어요. 가사시간에 뜨개질을 배우는데 수업을 따라가지 못해도
도움을 청할 사람이 하나도 없었어요. 친하지도 않은 선생이나 애
들에게 도움을 구해야 하는 게 너무 구차하게 느껴졌어요. 중학생
때 짝인 애가 있었는데 같은 동네에 살았어요. 그땐 집이 한창 지
옥 같던 때라 피신하고 싶은 마음에 그 애 집에 갔었는데 싫어하더
라고요. 그래서 우린 친구가 아니구나 깨달았어요. 친구가 없으니
갈 데가 없어서 둘째 동생의 친구네 간 적이 있는데 방에 있게 해
주더라고요. 그런데 잠시 후 동생이 저를 데리러 와서 저 때문에
창피하다고 욕을 했어요. 그담부턴 집에서 나오면 길에 주차된 차
뒤나 남의 집 앞 계단이나 골목 구석에 있곤 했어요.

늘 마음속으로는 간절히 친구를 사귀고 싶었지만 방법을 알 수 없
었고, 우울증으로 힘들어서 사람을 피하기도 했습니다. 어쩌다 연

락처를 주고받는 사람이 생겨도 오래가질 않습니다. 제가 먼저 연락을 안 하면 상대방도 연락을 안 해서 관계가 끊긴 적이 여러 번 있습니다. 관계가 이어지는 그 짧은 동안에도 거부당할 게 두렵고 그럴 때마다 구걸하는 거지가 된 듯해 비참했습니다.

그렇지만 이제는 친구를 사귄다고 할 때 생기는 불안이나 두려움은 없어요. 다른 사람의 마음을 제가 어쩌겠어요. 다행히 지금은 강아지들에게 푹 빠져 살아요. 애들은 사람들처럼 저를 거부하지 않아요. 온갖 단점을 지적하지도 않고. 애들과 함께 있으면 눈치가 보이지도 않고 내가 거지처럼 느껴지지도 않고 그냥 나 자신으로 있는 게 창피하지 않고 자연스럽게 느껴져요. 여전히 단 한 번만 진짜 친구랑 있어 보고 싶다는 바람이 있는데, 불가능할 것만 같고 그래서 다가오는 사람이 있으면 기대 없이 그냥 잠시 좋은 시간을 보내자는 생각을 해요. 더 나이 들기 전에 재미있게 놀아 보고 싶어요. - 김보라

●●

이렇게 속 깊은 얘기를 털어놔 주셔서 감사해요. 외톨이로 보낸 오랜 시간을 끝내고 싶어 하는 당신에게 먼저 격려의 박수부터 보냅니다.

추측건대 님은 어린 시절 무척 내향적이었을 거예요. 부모님은 부부관계에서나 부모자식관계에서 바람직한 모습을 보여 주지 못하셨을 거고, 가족 간의 불화가 있을 때마다 내향적 성향을 가진 당신

은 더욱 안으로 안으로 숨어들었을 겁니다.

앞에서 성격의 한계에 대해 이야기했습니다. 성격은 선천적으로 결정되는 기질을 핵심으로 하고 있기 때문에 평생 유지되는 경향이 있다고 하지요. 현대심리학은 인간의 성격을 다섯 가지 특성으로 분류합니다. 신경성, 경험개방성, 친화성, 성실성, 외향성이 그것이지요. 이 다섯 가지 특성은 인간에게 공통적으로 존재하는데, 각각의 특성이 어느 정도인가에 따라 성격의 차이가 만들어집니다. 예를 들어 어떤 사람은 신경성과 경험개방성이 중간 정도이고 외향성과 친화성이 매우 높으며, 성실성이 중상 정도인 성격의 소유자일 수 있습니다.

신경성은 스트레스를 느끼고 걱정하는 정도를 말하며, 경험개방성은 새로운 환경을 수용하며 창조적인 정도를 의미합니다. 또 친화성은 즐겁고 협조적이고 친밀하고 공감을 잘하는 정도이고, 성실성은 체계적이고 질서 있고, 주의 깊고 신중한 정도를 말합니다. 마지막으로 외향성이 높은 사람은 사람들과 잘 어울리고 열정적인데, 외향적인 수치가 낮아 내향적인 사람은 다른 사람들과 어울리지 않고 조용합니다. 내향성인 사람은 외향성인 사람보다 흥분정도가 높고 고통에 민감하기 때문에 자극적인 상황을 피하려는 욕구가 강하다고 합니다.

이렇게 보면 김보라 님은 외향성향이 낮을 것으로 추측되네요. 실제로 내향적인 사람은 내면과 외부세계를 연결하는 통로를 잘 발달시키지 못합니다. 그래서 김보라 님은 친구를 사귀는 게 어려웠을 겁니다. 애초부터 또래에게 다가가는 방법을 몰랐을 수도 있습니다. 이런 아이들에게는 누군가 그를 안내할 어른이 필요합니다. 바깥세계가 안전하다고, 흥미로운 것들로 가득 차 있다고 속삭여 줄 든든하고 안전한 어른 말이지요. 그런데 어린 김보라 님에게는 안타깝게도 그런 어른이 없었네요.

혼자 있는 것이 가장 안전하게 느껴지고 편안했겠지만 어느 순간부터 어둡고 고독하고 적막했을 겁니다. 나이가 들어 또래들이 눈에 보이기 시작했을 때, 그래서 자신과 그들을 비교할 수 있게 됐을 때는 비참하기도 했을 거예요. 자신의 주위에는 아무도 없었으니까요. '거지처럼 느껴진다'는 말씀을 두 번이나 하셨네요. 당신은 외부세상과 연결된 길을 찾지 못해, 그저 창을 통해서만 밖을 바라보았을 겁니다. 어떻게 문밖을 나서 그들에게 말을 걸어야 하는지, 어떻게 그들과 공감하고 나누고 웃을 수 있는지 배우지도, 경험하지도 못했기 때문에요.

중요한 것은, 그렇게 된 것이 김보라 님의 잘못이 아니며, 오히려 당신은 위로와 지지를 받아야 할 분이라는 겁니다. 저는 먼저, 귀 막고 눈 가리고 어두운 곳에 홀로 숨어 잔뜩 웅크리고 있었을 어린 김보라 님의 내면을 위로하고 싶습니다. 김보라 님도 자신의 어린 시절을 충분히 느끼고 위로해 주세요. 그리고 꼭 말씀해 주세요. 네 탓이 아니라고요. 그런 자기 위로가 우선되어야 자신감을 갖고 세상으로 나가 사람들과 만날 힘을 갖게 될 겁니다.

인간관계는 인간에게 의식주의 본능적 욕구 다음으로 중요한 요소입니다. 인간이 비로소 인간이 되는 것은 인간관계를 통해서 가능해지기 때문이지요.『왜 나는 사람들과 어울리지 못하는 걸까』의 저자 매슈 켈리는 '관계는 우리가 환상에서 벗어나 현실로 뛰어들 수 있도록 돕는다'고 말합니다. 인간관계를 통해 현실을 알게 되고 현실에 발붙이게 된다는 말이지요.

물론 환상에서 벗어나 현실로 뛰어든다는 것은 그리 유쾌한 일만은 아닙니다. 즐거움뿐 아니라 괴로움도 만만치 않지요. 친구관계도 그렇습니다. 따뜻함, 친밀함 같은 좋은 감정도 느낄 수 있지만 반대로 갈등과 고통과 수치심도 경험하게 되지요. 제 말은, 인간관계에 따르는 필연적인 고통을, 유독 자신에게만 오는 고통이라고 여기며 무거워하거나 움츠러들지 말고 관계 맺기를 자꾸 시도하라는 것입니다. 관계에도 오랜 훈련이 필요하니까요. 그러나 상대가 좋아할 것 같은 태도를 억지로 만들지는 마세요. 그러면 비참함이 더 강해질 수 있습니다. 그보다는 상대에게 호기심을 가지고, 나와 상대의 차이점과 공통점이 무엇일지 궁금해하면서 천천히 다가가세요.

인간관계에서 많은 좌절과 고통이 있었음에도 진짜 친구를 만나고 싶다는 간절한 바람을 오래도록 지켜 온 당신은 굉장한 저력을 가진 멋진 분입니다. 장담하건대 그 바람이 당신에게 멋진 미래를 선물할 것입니다.

글쓰기

공부, 다이어트, 용기, 너그러움, 인기, 취업 등 간절히 원하고 얻기 위해 노력했지만 잘 되지 않은 일이 있습니까? 혹은 마음만 간절했지 노력조차 어려웠던 일이 있나요? 그걸 목록으로 만들어 보세요. 또는 부모나 사회가 나에게 지워준 짐은 무엇인지 나열해 보세요. 생각나는 대로 모두 쓰세요.

1. _____
2. _____
3. _____

_____

_____

_____

_____

_____

_____

_____

글쓰기

이제 목록 중 하나를 골라 그에 대해 생각나는 대로 10분간 써 보세요. 그 일을 얼마나 이루고 싶었는지, 얼마나 짐스러운지, 이루어지지 않아 얼마나 고통스러웠는지 말이지요. 하고 싶은 말을 실컷 쓴 뒤, 이제 잠시 너를 마음에서 떠나보내겠다고 글로 작별인사를 고하세요. 아무리 짐스러웠더라도 헤어지려고 하면 아쉬운 법, 떠나보내는 아쉬움을 실컷 토로해도 좋습니다.

_____

_____

_____

_____

_____

_____

_____

_____

_____

_____

책읽기

성격이란 무엇인가

브라이언 리틀 지음 / 이창신 옮김 / 김영사

브라이언 리틀은 성격과 동기심리학 분야의 세계적인 학자이고, 하버드대학교에서 3년 연속 '학생들이 직접 뽑은 인기 교수'에 선정된 사람입니다. 이 책은 '성격은 이런 것이다'라고 단언하지 않습니다. 타고난 성격을 강조하는 심층심리학이나 개인의 자유의지를 강조하는 인본주의 심리학도 경계합니다.

그저 인간의 성격을 주제로 이런저런 궁리와 탐색을 합니다. 책 중간중간에 소개되는 간단한 심리테스트도 호기심을 자극합니다. 그 과정에서 우리는 자신에 대해 생각해 보게 되고, 나를 이해할 정보를 얻게 되지요. 무엇보다 이 책은 고정된 성격 특성을 가지고도 어떻게 삶의 질을 향상시킬 수 있는지 이야기한다는 점에서 희망적입니다. 이 책이 긍정심리학에 기반하고 있기 때문입니다. 성격심리학을 다루고 있는 책이 꽤 많이 출판되어 있습니다. 굳이 이 책이 아니더라도 마음이 가는 성격심리학 서적을 골라 읽어 보세요.

4장

선택하고
감당하기

66 어떤 선택에도 부정적인 측면은 따라옵니다.
선택과 결정을 지연시킬수록 자신과 주위 사람을
만성적인 고통에 빠뜨리게 됩니다. 99

감정의 억압과
회피

자신을 잘 이해하려면 명상이나 심리학에만 몰두할 게 아니라 삶의 현장을 교재로 해야 합니다. 너무 뜨거울까 봐 탕 속에 들어가지 않는다면 온몸을 쓰다듬는 물의 느낌이 어떤지, 뜨거운 온기로 땀이 나고 몸이 이완되는 느낌이 어떤 건지 알 수 없으니까요. 온몸으로 체험하지 않는 것은 제대로 배우는 게 아닙니다. 삶 속으로 들어가 온몸으로 겪어 내지 않는다면 자신이 어떤 사람인지, 자기 안에 어떤 힘이 있는지 알 수 없습니다. 1장에서 말한 것처럼 자기를 제대로 이해하지 못하는 사람은 자신을 제대로 사랑하기 어렵습니다. 자기라는 실체에 닿지 못하는데 어떻게 자기를 사랑할 수 있을까요.

삶은 우리의 실체를 파악하게 해 줍니다. 그러니 자신을 만나기 위해 삶 속으로 들어가야 합니다. 삶 속으로 들어간다는 것은 구체적으로 다음과 같은 것인데, 온전히 체험하는 것, 견뎌 내는 것, 그리고 기꺼이 결정하고 그 결과를 책임지는 것입니다.

먼저 온전히 체험하는 것은 겪어야 할 감정을, 그 감정이 주는 고통을 충분히 느끼는 것입니다. 우리는 대부분 부정적인 감정을 느끼지 않으려고 애씁니다. 거의 본능적이고 자동반사적이지요. 심리학 용어로 '주지화(intellectualization)'라고 하는 게 있습니다. 주지화, 지성화, 이지화 등으로 번역되는 이것은 인간이 불쾌한 감정과 직면하기를 피하려고 무의식적으로 작동시키는 방어기제 중 하나입니다. 자신의 부정적인 감정을 추상화하고 이론적으로 분석하는 과정에서 불편한 감정과 그 감정이 주는 고통을 잠시 잊을 수 있기 때문입니다.

나도 그랬습니다. 괴로움이 일어나면 '이 괴로움의 원인이 뭐지? 심리학에선 이 증상을 뭐라고 하지? 이 감정은 왜 생겼지?' 하면서 원인 찾기에 골몰했지요. 처음엔 그게 자기성찰인 줄 알았지만 이내 알게 되었습니다. 그것이 내가 고통을 피하는 방법이라는 사실을. 문제의 원인을 찾으려고 골몰하다 보면 통증을 잠시 잊게 됩니다. 무엇보다 그 문제를 외면한다는 죄의식을 느끼지 않아도 됩니다. 문제를 대하는 나의 지적인 태도가 마음에 들기도 했습니다. 원인 찾기에 그토록 매달린 가장 큰 이유는 고통에서 최대한 빨리 벗어나고 싶어서였습니다. 원인을 알게 되면 문제를 바로 해결할 수 있을 거라 기대했기 때문이에요.

원인을 찾는 일이 무조건 잘못된 건 아닙니다. 그때 왜 불안이나 분노, 질투를 느꼈는지, 그 감정이 어떻게 만들어졌는지 알긴 해야 하니까요. 그러나 감정의 원인이 그렇게 단순하게 밝혀지지는 않습니다. 외부 자극과 내면에 축적된 수많은 기억, 그리고 여러 무의식적 이유가 얽히고설켜 하나의 감정을 만들어 내기 때문입니다. 물론 감정도 우리가 의식하듯 단색이 아니어서, 내가 느끼는 감정은 여러 색깔이 덧칠해져 있거나 섞여 있어서 지금 느끼는 이 감정이 무엇인지 파악하는 일도 간단하지 않습니다.

그런데 그 감정이 무엇인지, 원인이 어디에 있는지 생각해 보는 건 나중에 할 일입니다. 감정이 느껴질 땐 그걸 알아차리고 받아들여서 아무 생각 없이 그저 느껴야 합니다. 고통스러울 땐 그 고통을 우선 겪어야 합니다. 나도 원색적인 미움과 원망과 분노를 충분히 경험했어야 했습니다. 하지만 그런 감정을 느끼는 저급한 사람이 되고 싶지 않아서, 더 정확히 말하자면 나는 그런 저급한 사람이 아니니까 그 감정을 피하려고 애썼습니다. 그렇게 내 안의 감정과 만나는 걸 회피했고 그게 자존감인 줄 알았습니다.

그러다 나중에야 알게 됐습니다. 자존감은 원초적인 감정을 외면해서 지키는 게 아니라 그 날것의 감정을 제대로 경험하고 그걸 인정해야 생긴다는 것을. 남들에게 환영받지 못할 나의 내면을 나조차 외면하고 숨겨 둔다면 어떻게 나를 존중할 수 있을까요. 뭔가 비리가 있을 것 같고, 추악한 것 같고, 잘못하고 있는 것 같고, 주위 사람들에게 버림받을 것 같은 나에 대한 느낌으로 나는 늘 불편함을 겪을 테지요. 실제로 삶에서 경험하는 대부분의 불편한 느낌은 원초적 차원의 감정을 억압하고 제대로 느끼지 않는 데서 옵니다.

고통과 괴로움의
차이

인지행동치료의 최근 흐름이라고 할 수 있는 수용전념치료(Acceptance & Commitment Therapy: ACT)는 체험회피, 또는 경험회피에 대해 이야기합니다. 인간은 고통을 느낄 때 나름의 해결책을 찾으려고 애쓰면서 고통을 더욱 확장시킵니다. 고통을 극복해 보려는 안간힘, 고통을 막지 못했다는 자책감으로 어느 땐 초기 고통보다 더 큰 2차, 3차의 고통을 경험하게 됩니다.

ACT는 그것을 고통과 괴로움으로 구분합니다. 우리가 살아가면서 경험하는 고통은 자연스러운 것이고 피할 수 없습니다. 그런데 피할 수 없는 고통을 피하려고 전전긍긍하면서 고통의 파장은 점점 더 커지고 만성적으로 변하게 됩니다. 그렇게 변한 고통이 괴로움입니다. 따라서 우리가 현재 경험하는 심리적 불편감은 문제가 발생했을 당시 당연히 느끼게 되는 고통과 체험회피의 결과 느끼게 되는 괴로움으로 구성되어 있습니다.

ACT의 창시자 스티븐 헤이즈는 다음과 같이 '경험의 규칙'을 말합니다.

"기꺼이 경험하려 하지 않으면 결국 경험하게 될 것이다."

더 정확히 얘기하면, 기꺼이 (고통을) 경험하지 않으면 결국 (더 큰 고통인 괴로움을) 경험하게 될 거라는 경고인 셈입니다. 어차피 겪게 되어 있으니까 기왕이면 기꺼이 수용하라는 말인데, 협박처럼 느껴지는 무섭고 냉정한 이야기가 아닐 수 없습니다.

하지만 저도 그의 말에 동의합니다. 스티븐 헤이즈가 말하는 경험의 규칙은 알고 보면 연민에 기초한 충고입니다. 눈덩이처럼 불어난 괴로움으로 쩔쩔 매는 사람들에게 알려 주고 싶어서 '지금이라도 어서 받아들여, 그러면 고통이 훨씬 작아져서 견딜 만해질 거야'라고 말하는 겁니다.

여기서 기꺼이 경험한다는 것은 불쾌한 감정을 기분 좋은 감정으로 바꾸는 게 아니라 있는 그대로 경험하는 것입니다. 스티븐 헤이즈는 말합니다. 기꺼이 경험하기란 더 좋은 느낌을 가지려고 노력하는 게 아니라 더 잘 느끼는 법을 배우는 것이라고, 자신에게 다가오는 모든 감정들, 특히 나쁜 감정들조차 온전하게 느끼는 것이라고 말입니다.

불쾌한 감정을 글로 써 보라고 하면 사람들은 글을 쓰다가 이내 얼굴이 어두워져서 제게 투덜거립니다. "더 이상 못 쓰겠어요. 좀 괜찮아졌는데 글을 쓰니 다시 화가 올라와요. 더 안 좋아졌어요…." 글을 쓰다가 불쾌한 감정이 느껴지자 깜짝 놀라서 얼른 펜을 놓아 버린 겁니다. 그럴 때 저는 좀 더 오래, 충분히 써 보라고 말합니다. 그 불편한 동굴을 얼마간 지나면 결국 해가 비치는 출구를 찾게 될 테 니까요.

사회심리학자로 유명한 제임스 W. 페니베이커는 트라우마 경험 을 연구하다가 글로 쓰게 하면 트라우마 치유가 훨씬 쉬워진다는 사 실을 알게 됐습니다. 그는 『표현적 글쓰기』라는 책에서 4일 글쓰기 를 권합니다. 하나의 트라우마 경험에 대해 4일을 연속해서, 매번 15~20분 정도 중단하지 않고 글을 쓰는 것입니다. 그러면 묻혀 있던 감정이 무엇이었는지, 그것이 일상을 어떻게 잠식했는지 알게 됩니 다. 페니베이커는 심리적 상처에 대해 글로 쓰거나 털어놓은 적이 있 는 사람이 그렇지 않은 사람에 비해 육체적 건강에서 분명한 차이를 보인다는 사실을 수많은 연구를 통해 밝혀 냈습니다.

조금 안 좋아져도 괜찮습니다. 불쾌한 감정을 죄악 그 자체인 것 처럼 여기지 않아도 됩니다. 당신은 지금 불에 손을 댄 것이 아니고, 불에 손을 댔던 과거를 회상하며 그 느낌을 기억하고 있을 뿐입니다. 그 기억을 충분히 느끼지 않으면 당신은 불에 대한 비현실적이고 과 장된 불쾌감을 느끼며 살게 됩니다.

살다 보면 피할 수 없는 고통이 있습니다. 상담칼럼을 쓰다 보면 개인메일로 이런저런 사연들을 받습니다. 그중에는 엄마들의 호소가 가장 많습니다. '워킹맘으로 살면서 어린아이 세 명을 기르고 있다. 모든 게 엉망이고 지칠 대로 지쳤다', '아이가 사춘기로, 또는 학교폭

력이나 따돌림, 성폭력 등으로 괴로워하니 부모인 자신도 힘들다',
'아이가 심리적으로 어려워하고 있다'와 같은 사연들이 그것입니다.
혹은 취업이 되지 않아 고통받고 있거나 직장문제로 괴로워하는 경
우도 있습니다. 오래된 불안과 강박 등의 신경증으로 괴로워하는 이
들도 있습니다. 그들은 반복해서 하소연하고, 필사적으로 해결책을
찾습니다. 오래 시달린 만큼 더 확실한 방법을 원합니다. 그런데 안
타깝게도 인생의 고통에는 그렇게 환상적이고 결정적인 처방이 별
로 없습니다.

삶 속으로 들어간다는 것은, 그래서 견뎌 내는 것을 의미하기도
합니다. 고통을 온몸으로 겪어야 할 뿐 아니라 오랜 시간 버텨야 할
때가 있습니다. 그럴 때는 그 경험과 평생을 같이하겠다는 마음이 되
어야 합니다. 내 앞에 무엇이 기다리고 있을지 모른다는 어둠 속의
공포를 견디는 마음으로 말입니다. 암환자들의 경우 처음에는 자신
의 병을 완전히 제거하려고 고군분투합니다. 그런데 완치 판정을 받
기까지 아주 오랜 시간이 걸리고 또 완치되더라도 불안을 완전히 떨
쳐 버릴 수 없다는 사실을 깨닫게 됩니다.

부모와의 사별을 일찍 경험했던 제게 죽음은 인생 최대의 화두였
습니다. 부모가 걸어 들어갔던 그 고독한 죽음의 길을 나 역시 언젠
가는 따라가야 한다는 사실이 너무 두려웠습니다. 고민 끝에, 죽음에
초연해질 수 있는 방법을 찾아보고 싶어 마음공부를 시작했습니다.
예수나 부처처럼, 참수의 현장에서 그토록 담담했던 역사 속 인물들

처럼 그렇게 초연해지고 싶었습니다.

세월이 오래 지나 중년이 되자 부모 상실에 대한 아픔도 잦아들었고, 죽음 그까짓 것 맞설 만하겠다는 생각이 들기도 했습니다. 그러다 어느 날 제가 병을 얻게 되었습니다. '하늘도 무심하시지, 고통을 초월하려고 내가 얼마나 노력했는데' 하는 마음에 원망도 커졌습니다. 그러나 병원을 들락거리면서 알게 됐습니다. 죽음뿐 아니라 소멸에 대한 원초적 공포도 피할 수 없는 고통이라는 사실을 말이지요. 정든 사람들과의 이별도 그렇습니다. 그들과 헤어지면서 어떻게 초연할 수 있을까요.

이제 저는 더 이상 고통을 피하려 하지 않습니다. 빨리 해결하려고 서둘지도 않습니다. 고통에서 벗어날 방법이 어딘가에 있을 거라는 기대로 종종걸음 치는 일은 희망고문일 뿐이라는 사실을 알게됐기 때문입니다. 이제는 그냥 그 자리에 멈춰서 '아, 짜증 나! 화가나! 죽도록 힘들어…' 하고 투덜거립니다. 두려움 때문에 그러고 있는 나를 안쓰럽게 바라보면서요.

선택의 두 가지 결과

하지만 견디는 것을 결정이나 선택의 순간을 미루는 것과 혼동해서는 안 됩니다. 피할 수 없는 고통이라면 견뎌야 하지만 결정이 두려워 만성화된 고통을 참는 것은 문제가 됩니다. 사람들은 결정하고 그 결정의 결과에 대해 책임지는 일을 부담스러워하고 두려워합니다. 하지만 삶 속으로 들어가는 것은 선택하고 그 결과를 책임지는 일입니다.

우리는 고통을 외면하거나 억압하여 경험을 회피할 뿐 아니라 자기 몫의 책임도 회피합니다. 어떤 결정이나 선택, 그리고 적극적인 행동이 필요할 때에도 여러 가지 이유를 들어 그걸 미룹니다. 최선의 선택을 하기 위해서, 또는 참고 양보하는 게 미덕이라고 생각해서 결단의 순간을 미룬다고 말하지만 사실은 결과를 책임지는 것에 대한 두려움이 진짜 이유입니다.

이혼을 하고 싶지만 아이들을 위해서, 부당한 상황에 항의하고 싶지만 불화가 깊어질까 봐, 재혼하고 싶지만 아이가 상처 입을까 봐 어떤 행동도, 어떤 결정도 하지 않습니다. 그들은 잘못된 선택을 하게 될까 봐 두려워하지만 자신이 이미 '아무것도 하지 않는' 선택을 하고 있으며, 그 결과 자신과 주위 사람들이 고통받고 있다는 사실을 알아채지 못합니다.

해결되지 않는 부부갈등으로 아이들은 만신창이가 되었는데 아이들 때문에 참는다고 말한다면 누구보다 아이들이 억울해할 일입니다. 아이들은 엄마를 위해서 그 전쟁을 참고 있는데 말이지요. 아내나 남편의 과도한 공격성을 방치하면서 '내가 참으면 상대가 달라지겠지' 하고 기다리는 무력한 배우자는 또 어떤가요. 분명히 말하건대 그들은 참고 있는 게 아니라 책임을 회피하고 있는 겁니다. 행복하게 살아야 할 책임, 아이들을 안전하게 보호해야 할 책임 말입니다.

의식적으로 선택하고 그 선택의 결과를 기꺼이 책임져야 합니다. 어떤 선택이든 긍정적인 측면과 부정적인 측면의 두 가지 결과가 따릅니다. 어떤 결정에도 필연적으로 부정적인 측면이 따라온다는 말은 부정적인 결과로 자책하지 않아도 된다는 말이기도 합니다.

예를 들어 중요한 모임이 있는데 오늘은 아무도 만나고 싶지 않다는 생각이 너무 강렬해 고민하는 사람이 있다고 칩시다. 그는 결국 모임에 가지 않습니다. 나가고 싶어 하지 않는 마음에 손을 들어줌으로써 원치 않는 일을 억지로 했다는 피해의식은 덜게 됐습니다. 그것이 긍정적인 결과입니다. 그러나 모임에 참석해서 얻게 되는 이익, 이를 테면 인간관계나 유익한 정보 같은 것을 포기해야 하는 부정적인 결과도 있습니다. 그는 부정적인 결과에 대해 책임을 져야 합니다. 그날의 손해를 기꺼이 감수하든지, 나중에 모임의 참석자 중 누군가에게 연락해서 그날의 소식을 챙기는 식으로 말입니다.

그러니 부정적인 결과가 생겼다고 죄책감을 가질 필요는 없습니다. 그 무엇을 하든 자기비난이 없어야 합니다. 사실 자기비난에 대한 두려움 때문에 우리는 아무것도 결정하지 않으려고 하는 것입니다. 다시 말하지만 어떤 선택에도 부정적인 측면은 따라옵니다. 아쉬움이 전혀 없는, 꿩 먹고 알 먹는 묘수는 영화에서나 볼 수 있는 비

160

현실적인 것입니다. 우리가 반성하고 자책해야 하는 것은 선택과 결정을 지연시킴으로써 자신과 주위 사람을 만성적인 고통에 빠뜨리는 일입니다.

선택에 앞서 심사숙고하세요. 그러나 '최선'이라고 하는 비현실적인 선택을 꿈꾸지는 마세요. 결과의 부정적인 측면은 불가피한 것이므로 자책하지 말고 감내하세요.

4장에서는 아이의 학교문제로 고민하는 부모, 결혼생활에서 결단을 미루고 있는 아내와 남편, 직장에 안착하지 못하는 여성, 재혼을 고민하는 여성의 사례들을 다뤘습니다.

상대에게 맞출수록 상대는
더 많은 것을 요구한다

저는 올해 딸아이를 시집보냈습니다. 문제는 결혼 전부터 사위가 마음에 들지 않았던 아내가 엄청난 짜증을 내는데, 집안이 살얼음 판이고 모든 식구가 괴로움에 빠져 있습니다. 아내는 남의 시선을 많이 의식하는 편이고, 친정이나 시댁 식구들과의 관계는 이미 끊어진 지 오래여서 친정과 시댁 제사는 물론 집안 대소사에 거의 참여하지 않습니다.

딸아이는 공공연히 '엄마로부터의 탈출'을 외쳤고, 급히 결혼하느라 아내의 꿈인 임용시험도 접었습니다. 저는 아내에게 무한책임을 지는 남편의 자세를 요구받고 있으며, 무엇을 하든 잔소리와 짜증, 욱하는 성격, 눈물 등에 시달리고 있습니다. 아내는 작은 것에도 짜증을 내며, 자기 기대치에 부합하는 답이 아니면 화부터 냅니다. "남자가 먼저 알아서 해 주어야 하지 않느냐?"라고 하지만 그것이 어렵습니다. 가령 딸에게 전화를 했냐고 해서 했다고 하면 "왜 했느냐?"에서 시작해 "무슨 말을 했느냐?"며 점검하고, 자기 속을 몰라준다고 구박합니다. 전화를 안 했다고 하면 또 "왜 전화도 안 했느냐?"며 짜증을 내는데, 도대체 어떻게 행동해야 할지 모르겠습니다.

제가 딸에게 보낸 문자도 들여다보는데, 무슨 독재 시절에 서신 검열을 당하는 기분입니다. 어떤 일을 해도 자신이 없고 위축되어 그냥 회피하고 있는 형편입니다. 그러니 아내가 일방적으로 말하는 것 말고는 일상적 대화는 끊어졌고, 작은딸은 아내와 사소한 충돌이 있은 뒤로는 직장일을 핑계 대며 며칠에 한 번 늦게 집에 들어오고 있습니다. 저는 술 담배도 안 하며, 친구들과의 교류도 특별한 취미도 없고, 다만 직장에 오래 있다가 집에서는 잠만 자고 일찍 출근하고 있습니다.

이런 아내에게 저는 무엇을 어떻게 해 주어야 하나요? 아내의 힘든 마음을 어떻게 하면 돌릴 수 있을까요? 제가 모르는 제 성격의 부족함이 있으리라 봅니다. - 김상준

● ●

힘들어하시면서도 어떻게든 아내를 이해하려고 고민하시는 모습이 정말 보기 좋습니다. 글을 읽어 보니 당신의 아내는 가족관계에서 분노를 표현하는 공격적인 태도를 갖고 있네요. 김상준 님은 그런

아내의 공격에 대해 참는 것으로, 그리고 아내의 요구를 최대한 들어 주는 방식으로 부부관계를 유지했던 것 같습니다. 다시 말해 아내는 자신의 존재를 드러내는 방식으로, 그리고 당신은 존재감을 지워서 사라져 버리는 방식으로 살아온 것입니다. 아마 그것이 문제를 최소화하는 길이라고 생각하셨겠지요.

자기주장을 최소화하고 참는 방식으로 사는 사람들이 있습니다. 거북이처럼 자신의 사지를 안으로 말아 넣고 수동적인 태도를 취합니다. 대체로 그들은 문제를 일으키지 않는 평화로운 사람들입니다. 그런데 그렇게 살아가면 자신을 경험할 수가 없습니다. 늘 타인에게 맞춰 주기 때문에 자신의 욕구나 감정이 무엇인지 알기 어렵습니다. 자신의 욕구와 감정은 상대의 욕구와 감정에 밀려 번번이 희생당합니다.

관계도 건강할 리 없습니다. 상대에게 무조건 맞춰 주려고 하면 할수록 상대는 참으로 희한하게도 점점 더 당신의 영토를 빼앗으려 할 겁니다. 인간관계는 상대적이니까요. 내 영역, 내 영토, 나라고 할 만한 것이 없으면 관계는 성립되지 않습니다. 내가 없는 관계란 존재하지 않으니까요.

그런데 당신은 여전히 아내에게 무엇을 해 줘야 하는지 묻고 있네요. 저는 당신이 지금이라도 자기 자신을 돌봐야 한다고 생각하는데요. 아내를 이해하기에 앞서 자신을 돌아보세요. 그동안 당신은 얼마나 고단한 삶을 살았던 걸까요? 생활은 또 얼마나 삭막했을까요? 얼마나 긴장하며 살았을까요? 무엇보다 얼마나 외로웠을까요? 왜 그토록 자신을 고통 속에 방치했나요? 왜 아내의 무한책임 요구에 선을 긋지 않았나요? 당신은 왜, 그녀가 마음대로 분노와 짜증을 표현하도록 놔둔 걸까요? 남편의 문자를 아내가 함부로 보도록 허락한 이유는요?

제 생각에, 김상준 님의 태도가 그토록 수동적이었던 것은 문제에 직면해서 해결하려는 용기가 당신에게 부족했기 때문입니다. 두려움이 원인이었을 수 있습니다. 남성들이 침묵하거나 참는 것은 문제를 회피하고 책임지지 않으려는 마음이 숨어 있기 때문이라고 심리학자들은 이야기합니다. 가장이라는 무거운 책임감에서 도망치고 싶어 하는 남성 심리도 여기에 한몫했을 것입니다.

물론 가족의 평화를 지키고 싶었을 수도 있습니다. 그러나 참는다고 평화가 유지되는 건 아니라는 사실을 지난 세월 동안 아프게 느꼈을 겁니다. 혹시 우울증이 있거나 아내를 사랑하지 않는다는 죄책감을 가지고 있지는 않았나요?

애초 원인이 무엇이었든 지금은 용기를 내서 문제를 해결해야 할 때입니다. 더 이상 당신과 딸들을 불행 속에 방치하지 마세요. 어떻게든 가족의 어른으로서 절반의 책임을 져야 합니다. 엄마 때문에 딸들이 겪은 고통에 든든한 울타리가 되어 주지 못한 아빠의 책임도 있습니다.

힘들겠지만 문제를 해결하기 위해 나서세요. 당신이 겪고 있는 고통을 아내에게 얘기하세요. 괴롭고 힘들었다고 고백하세요. 아내가, 그러는 당신은 뭐가 잘났냐고 하거나 하나만 알고 둘은 모르는 양반이라고 따지면, 그 이유를 들어 보고 미안했다고, 앞으로는 노력하겠다고 말씀하시면 됩니다.

당신의 의견을 말하고 고집도 부려 보세요. 아내가 강요해도 하기 싫은 일은 하지 마세요. 그보다는 다른 방법이 좋지 않겠느냐고 대안을 제시하세요. 고집을 부리던 일이 실패로 돌아가면 사과하고 고치면 됩니다. 힘든 일이 있으면 도와 달라 하고 고마워하세요. 아내가 당신을 비난하고 괴롭히면 방어하고 화를 내도 됩니다. 아내의 분노에 움츠러들지 말고, 두렵고 떨리는 마음을 다독이며 최대한 버티고 견디세요. 그 대신 아내가 긍정적인 태도를 보이면 충분히 칭찬해 주세요.

이것이 바로 진정한 교류이고, 건강한 상호작용입니다. 실수와 갈등, 불화를 감내하면서 시도하고 배우고 이해하는 과정 말이지요. 어쩌면 당신의 아내는 이런 살아 있는 관계를 원했는지도 모르겠습니다. 이제 더 이상 회피하지 마시고 삶 속으로, 아내와의 관계 속으로 걸어 들어가세요.

슬픔을 느끼고
표현하라

저는 57세의 전업주부이고 남편은 63세의 회사원입니다. 평생 가족에게 성실했던 남편이 최근 말기 암 선고를 받고 투병 중입니다. 본인은 물론 저도 충격이 이루 말할 수 없습니다. 점차 쇠약해져 고통 속에서 죽어 갈 남편을 지켜보며 간호할 자신이 없습니다. 정년 후 둘의 삶을 계획했고 '남들처럼 평균수명까진 살겠지'라고 당연하게 생각했던 것들이 물거품이 되자 인생이 무서워집니다.

더욱이 여긴 한국이 아닌 외국입니다. 30년 전에 와서 여기 생활에 익숙해졌지만 전업주부로 안락하게 살면서 바깥일은 모두 남편이 해결했습니다. 딸들도 공부를 잘해서 부러움의 대상이었던 제가 졸지에 불행한 여자의 대명사가 된 듯합니다. 친구들도 있고 결혼한 딸 둘이 여러 모로 도와주고 있으나 여태 순탄했던 제 인생이 구겨지기 시작해서 나락에 계속 떨어지는 듯한 불안이 엄습하고 미래가 온통 두려움으로 다가옵니다.

물론 63세이면 살 만큼 살았고, 애들도 성장했고, 부자는 아니지만 연금으로 제 생활은 가능하니 현실을 긍정적으로 받아들이려고 노력하는 중입니다. 배우자의 죽음을 어떻게 받아들여야 할까요? 어떻게 마음의 평정을 유지하며 남편을 간호해야 할까요? - 서영혜

••

　사랑하는 사람을 떠나보내는 애도의 과정이 보편적으로 존재한다고 얘기합니다. 이를테면 엘리자베스 퀴블러 로스는 사별한 사람들이 부정, 분노, 타협, 우울, 그리고 수용에 이르는 슬픔의 다섯 단계를 겪게 된다고 말했습니다. 하지만 최근 연구는, 퀴블러 로스가 주장한 5단계가 상실을 경험한 모든 사람들이 거치는 보편적인 단계는 아니라는 데 의견을 모으고 있습니다. 사별을 대하는 사람들의 모습은 저마다 다르며 건강한 사람일수록 훨씬 빠르게 회복된다는 것입니다.

　서영혜 님의 경우에는 이제까지 부러움의 대상이었던 당신의 삶이 불행의 대명사가 될까 고민하시네요. 실제로 남들에게 성공적인 관계라고 평가받던 부부일수록 불행이 찾아왔을 때 낭패감과 수치심을 느끼는 것 같습니다. 이별의 슬픔보다 타인의 눈이 더 신경 쓰이는 것이지요. 아마 마음 깊은 곳에 부부 생활에 대해, 그리고 자신의 성공적인 삶에 대해 자부심이나 우월감 같은 것이 있었을 겁니다.

　사람들은 희한하게도 자신의 불행을 부끄러워합니다. 어떤 사람들은 오랜 불행에 지칠 대로 지친 상태에서도 '불행해서 죄송합니다' 하는 태도로 세상을 향해 잔뜩 주눅 들어 있습니다. 반대로 행복에 대해서는 우쭐한 감정을 느낍니다. 행복과 불행을 자신의 노력이나 능력으로 만들어 냈다고 생각하기 때문일 겁니다. 그러나 행복이든 불행이든 개인의 능력 밖의 일이라는 사실을 절감하게 되면, 그리고 신에게 늘 사랑만 받는 것은 아니라는 점을 알게 되면, 부풀어 올랐던 자부심이 꺼지면서 동시에 마음도 한결 편안해집니다. 인생의 고난이나 배우자 없는 삶이 개인의 품격을 훼손시킬 수 없다는 사실도 차차 아시게 될 겁니다.

한 가지 걱정되는 점은, 사별 과정에서 느끼고 겪어야 할 감정을 당신이 억누르거나 회피하고 있는 게 아닐까 하는 겁니다. 당신은 '내 인생이 구겨지는 것 같고 나락으로 떨어지는 것 같다, 내 인생이 불행하다, 불행한 여자의 대명사가 된 것 같다' 등의 얘기를 반복합니다. 삶의 이미지에 자꾸 신경을 쓰는 이런 태도의 이면에 슬픔을 받아들이기 어려워하는 마음이 감추어져 있는 건 아닐까 추측하게 됩니다. 30년을 함께한, 사랑하는 사람과 이제 영원히 헤어져야 한다는 슬픔 말이지요.

정든 사람을 죽음으로 떠나보내는 일은, 누구도 피해갈 수 없는 일이지만 결코 맞닥뜨리고 싶지 않은 일이기도 합니다. 한 생명이 서서히 스러지는 과정을 지켜본다는 건 참으로 두려운 일이거든요. 남겨진 후의 그리움과 그를 살리지 못했다는 죄책감도 커질 겁니다. 게다가 당신의 남편처럼 성실하고 자상했던 사람이라면 더 말할 필요가 없겠지요.

무엇보다 당신은 지상에 존재하는 모든 것은 변화하며 결국은 소멸된다는 불변의 진리를 몸으로 겪고 있습니다. 게다가 가까운 사람이 죽어 갈 때 그와 연결된 나의 내면도 함께 사라집니다. 나 역시 작은 죽음을 체험하게 되는 것이지요. 살면서 수많은 죽음을 접하지만 가족의 죽음은 소스라칠 만큼 생경하고 또 충격입니다. 당신은 지금 이와 같은 경험을 하고 있습니다. 글의 마지막 부분에 어떻게 하면 마음의 평정을 유지할까 물으셨는데 저는 평정을 권하고 싶지 않습니다. 오히려 당신이 지금 느껴야 할 감정을 자연스럽게 느꼈으면 좋겠습니다. 앞에서 저는 삶 속으로 들어가 충분히 체험해야 한다고 말씀드렸습니다.

서영혜 님, 우선 슬퍼하고 안타까워하세요. 사별 경험에 대한 선구적 연구자로 알려진 조지 보나노는 자신의 책『슬픔 뒤에 오는 것들』에서 슬픔에 대해 이야기합니다. 인간은 선천적으로 상실에 잘 대처할 수 있도록 내부 설계가 잘 되어 있는데, 그중 가장 중요한 하나가 슬픔을 느끼고 표현하는 능력이라는 것입니다. 슬픔은 우리가 세상에 대한 관심을 잠시 접고 내면의 상태에 집중할 수 있게 해 주고, 고정관념 없이 상대를 바라보게 만들며, 우리에게 찾아온 상실을 받아들이도록 돕습니다. 또한 슬픔을 표현함으로써 사람들이 우리를 돕게 되지요. 그러니 슬퍼하는 것, 감정적인 상태가 되는 것을 두려워하지 마세요.

흥미로운 것은 우리의 선천적인 내부 설계 시스템이 슬픔만 지속시키지 않는다는 것입니다. 슬픔과 긍정적인 마음상태를 왔다 갔다 하는 심리적 진자운동을 통해 상실의 트라우마를 서서히 치유해

가는 것이지요. 실제로 사별에 대한 경험 연구에서 생존자들은 비극적인 감정 속에서도 가벼운 마음, 즐거움이나 행복을 느끼는 감정의 파동을 경험하고 그 과정에서 치유에 이른다고 합니다.

그러니 당신의 감정이 자연스럽게 흐르도록 허용해 주세요. 특히 남편과 많은 이야기를 나누면 좋겠네요. 남편이 죽음에 관해 이야기하거든 막지 마시고, 이별의 슬픔에 대한 이야기도 외면하지 마세요. 정 힘들면 과거 남편과 행복했던 시절을 떠올리며 농담하고 웃어 보세요. 울다 웃으며 외로운 서로를 부둥켜안으세요.

그리고 남편에게 아직 하지 못한 사랑의 말을 전하세요. 남편에게, 그가 얼마나 가족들에게 필요한 존재였는지, 가족들이 얼마나 그를 사랑했는지 말해 주세요. 앞으로도 그 사랑이 변함없을 거라는 사실도 함께요. 하지 못한 말이 많다고 느낄수록 그를 잘 떠나보낼 수 없기 때문입니다. 이 모든 것을 말로 하기 어렵다면 편지를 써 보세요. 죽는 순간까지 인간에게 위로가 되는 것은 누군가와 든든하게 연결되어 있다는 느낌이니까요.

버티는 힘에 대하여

딸아이가 학교에서 따돌림을 당하고 있어 고민입니다. 딸아이는 이전까지 친구관계가 상당히 좋은 편이었는데, 중학교 3학년 때 전학을 갔다가 문제가 생겼습니다. 학기 초에 저희 애처럼 전학 온 같은 반 친구들과 무리를 지어 사귀었는데, 그 아이들이 조금씩 괴롭히기 시작했다가 정도가 점점 심해지고 있습니다. 학교에서 자기들끼리 흉보다가 다른 애들에게 제 딸을 모함하고, 문자로 욕하고 협박하는 식입니다. 아이가 견디다 못해 담임선생님에게 말씀 드렸는데, 처음엔 적극적이던 선생님이 점점 더 소극적인 태도를 보입니다. 그 아이들도 다 공부 잘하고 착한 아이들이라면서요. 사실 처음 따돌림 문제가 생기고도 선생님은 전화 통화만 했지 직접 면담할 시간을 주지 않아서 답답했습니다.

담임선생님에게 말하고 나서도 괴롭힘은 별로 줄어드는 것 같지가 않습니다. 선생님께 고자질했다고, 또 제가 통화한 걸 두고 엄마한테 의존하는 '마마걸'이라고 아이를 비난한다고 하네요. 아이는 울며불며 학교를 안 가겠다고 난리입니다. 달래기도 하고 야단치기도 하지만 저도 마음이 많이 복잡합니다. 아직 어린 아이들이 어쩜 그렇게 교묘하게 사람을 괴롭히는지 너무 얄밉고, 선을 그으려는 선생님에게도 화가 나고, 언제까지 아이가 괴로워하는 걸 지켜봐야 하나 싶고…. 부모로서 제가 뭘 어떻게 해야 할까요? - 블루맘

●●

　블루맘 님도, 따님도 굉장히 힘든 시기를 건너고 있네요. 사실 아이들은 학교에서 벌어지는 집단 따돌림을 극도로 괴로워합니다. 아이들에게 친구는 절대적인 존재이며 그렇기 때문에 친구들의 평가가 무엇보다 중요합니다. 사실 주위에 자신을 미워하고 저주에 가까운 험담을 하는 사람이 여럿 있다면 어른이라도 견디기 힘들 겁니다.

　따돌림의 파급력은 굉장히 큽니다. 따돌림의 당사자뿐 아니라 방관자나 목격자들 또한 상처를 입기 때문에 대부분의 아이들이 따돌림의 트라우마를 갖고 있다고 해도 과언이 아닐 겁니다. 따돌림의 상처는 꽤 오래갑니다. 저는 학교에서 따돌림 때문에 고통받았던 2, 30대 젊은이들을 가끔 만나는데요, 그들은 자신에게 그토록 부조리한 일이 일어났다는 사실에 여전히 분노하고 있으며, 아직까지도 인간관계에서 불안감을 느낀다고 고백합니다.

　하지만 모든 심리적 상처가 그렇듯 잘 치유되면 상당히 비약적인 성장과 성숙이 가능해집니다. 그러기 위해서는 사회와 학교, 그리고 가족의 체계적인 노력과 협조가 필요합니다만 안타깝게도 사회는 그 문제를 해결할 여력이 아직 없어 보입니다. 그래서 우선은 따돌림 당한 아이를 대하는 학교 선생님과 부모의 태도에 대해 이야기해 보려고 합니다.

　먼저 선생님은 피해 학생을 탓하는 어떤 실수도 저지르지 말아야 합니다. 따돌림 사건이 일어나면 담임선생님은 피해 학생에게도

174

문제가 있을 거라고 의심하면서 그 아이가 고쳐야 할 점을 지적합니다. 따돌림을 연구한 많은 연구물과 출판물, 심지어는 교사 참고용 가이드라인에도 따돌림을 받을 만한 피해 학생의 성격적 요인이 언급되어 있는데, 이런 정보는 자칫하면 피해자에 대한 사회적 선입견을 만들어 낼 수 있습니다. 피해자에게 피해를 입을 만한 요인이 있다고 여겨질 때 피해자는 이중 삼중으로 자존감을 훼손당하며, 피해 사실을 부끄럽게 여기고 고통을 숨기게 됩니다. 피해 학생의 학부모를 위축시키고, 학교에 저자세로 일관하도록 만들기도 하지요.

만약 피해자들에게 어떤 성격적 특성이 있다고 해도 그들만의 문제로 치부해서는 안 됩니다. 피해자들의 특성이라고 이야기되는 것들은, 사실 피해의 결과물일 가능성이 큽니다. 그 아이들은 가족 내에서, 그리고 다른 아이들에게 이전부터 비난과 따돌림을 경험하고 그 결과로 사교적이지 못한 성격이 만들어졌을 수 있다는 것이지요. 그렇다면 이 문제는 우리 사회와 어른들의 책임입니다.

무엇보다 그 어떤 이유로도 한 개인이 집단에 의해서 그토록 교묘하게 괴롭힘을 당해서는 안 됩니다. 폭력의 피해자는 문제가 있어서가 아니라 오직 약자이기 때문에 공격당하는 것입니다. 이 사실을 명심하고, 아이들에게 선생님의 생각을 일관되게 알려 주셔야 합니다.

부모님이 할 일은 아이와 함께 고통을 견뎌 주는 것입니다. 앞서 저는 고통을 견디고 버티는 것에 대해 이야기했습니다. 아이들의 학교 적응문제야말로 기다리고 견뎌 줄 필요가 있습니다. 한 번 따돌림을 경험하면 여러 해 그 굴레에서 벗어나지 못할 수도 있기 때문입니다.

학교에서 어떤 일이 벌어졌는지 이야기를 들어주고, 아이의 감정에 공감하고, 함께 울어 주세요. 괴로운 얘기를 들어주는 일은 그리 만만한 일이 아닙니다. 1년이고 2년이고 하소연이 계속될 수 있겠지만, 그래도 아이가 하고 싶은 만큼 표현하게 해야 합니다. 고통을 발산함으로써 버티는 힘이 생기기 때문입니다. 장담하건대 공감하고 함께 눈물짓는 부모의 태도가 아이에게는 평생 힘이 될 것입니다. 다행히 자신의 문제를 잘 표현하고 있다니 그 아이는 건강한 아이입니다.

부모님도 아이에게, 너에게도 친구들이 미워할 만한 문제가 있을 테니 그걸 고쳐야 한다는 식으로 이야기해서는 안 됩니다. 과민하게 굴지 말라고 아이를 다그치지 마세요. 과민해서 괴로워진 게 아니고 문제가 생겨서 과민해졌을 수 있습니다. 무엇보다 아이는 지금 취약한 상태에 있습니다. 부모로부터 부정적인 지적을 받으면 더욱 우울해져서 문제해결력을 잃어버리고 방황할 수도 있습니다. 입을 다물고 문제를 숨기게 될지도 모릅니다. 트라우마가 오래 지속되는 데는 부모의 몰이해가 있다는 사실을 명심하세요.

또한 네가 원한다면 언제라도 너의 지원군이 되어 학교와 가해학생의 부모와 싸울 것이며, 학교를 따라다니면서라도 너를 지켜 주겠다고 말해 주어야 합니다. 그러면 아이는 좀 더 느긋해져서 그 고통을 견딜 힘을 얻게 될 겁니다. 그러나 아이보다 지나치게 앞서서 문제를 해결하려고 하지 마세요. 아이의 문제는 어디까지나 아이를 돕는 방식으로 해결해야 합니다. 모쪼록 힘내서 이 어려운 과정을 잘 이겨 내기 바랍니다.

모멸감을
견뎌야 할 때

오래전에 이혼하고 아이와 단절된 생활을 했습니다. 그러다가 딸아이가 고3이던 지난해부터 연락했습니다. 딸은 아무런 원망도 하지 않고, 그렇다고 어떤 표현도 하지 않습니다. 옆집 아줌마 대하듯 합니다. 올해 대학생이 됐는데 절대 연락을 먼저 안 하고요. 제가 문자를 보내면 '응', '아니'로만 답합니다. 전화하면 잘 안 받고요. 통화되면 정말 귀찮다는 듯 전화를 받아 화나게 합니다. 먼저 연락할 때는 돈 달라고 할 때입니다. 걱정과 관심을 표현하면 애가 귀찮아합니다. 저도 같이 모른 척해야 하는지, 아니면 계속 관심을 표현해야 하는지 잘 모르겠어요. 아이는 제가 무슨 자격이 있느냐고 대놓고 말은 하지 않지만, 그런 맘이 있는 것 같고요. 관계 개선을 위해 뭔가 해야 할 것 같은데, 뭘 해야 할지도 모르겠고요. 답답한 마음에 두서없이 상담 부탁드립니다. - 마리

●●

시대가 달라져서 요즘 부부들은 이혼 가능성을 늘 염두에 두고 살아야 하는 현실입니다. 그렇다고 이혼을 가볍게 생각해서는 안 됩니다. 삶의 모든 것이 그렇지만 이혼에도 치러야 할 대가가 많으니까요.

그중에서도 가장 쓰디쓴 대가라면 아이들 문제일 것입니다. 아이들을 혼자서 맡자니 경제적인 어려움과 양육이 막막하고, 떠나보내자니 안타깝고 그립습니다. 그러나 이런 것들은 모두 부모 관점의 고통일 뿐입니다. 이혼 당사자인 부모보다 아이들이 훨씬 더 큰 충격과 고통에 시달린다는 사실을 부모님들은 아는지 모르겠습니다.

이혼이라는 드라마에서 주인공인 부모가 슬픔과 분노로 쩔쩔매는 동안 아이들은 제 아픔을 끌어안고 숨죽인 채 이 과정을 겪어냅니다. '부모님이 저렇게 힘든데 내 아픔까지 말할 수 없어. 그들이 헤어지는 건 내 잘못인지도 몰라' 같은 생각을 하기 때문입니다. 아이들은 부모의 이혼을 그 나이의 사고방식으로 해석하고 또 상처 입습니다. 침묵한다고 해서 고통이 적은 것도 아닙니다.

마리 님, 딸아이가 내 마음 같지 않아 속상하셨나요? 아마 따님은 엄마가 낯설고 어색할 겁니다. 어색해서 긴장되고, 그러다 보니 할 말이 딱히 떠오르지 않는 것이지요. 그건 엄마를 아직 신뢰하지 못한다는 말일 수 있습니다. 마리 님은, 아이가 자신에 대해 '엄마로서 무슨 자격이 있느냐'고 생각하는 것 같다고 하셨지요. 그럴 수 있습니다. 이혼의 사유가 무엇이었든 아이는 보통 떠나간 부모를 원망하게 됩니다. 아마 지금도 엄마의 사랑을 의심하고 있을 거예요. 엄마에 대한 불신이 사라질 때까지 거리감을 유지하려고 하겠지요.

그런 심정일 때는 엄마가 친밀한 관계를 요구하는 것에 거부감을 느낄 수 있습니다. 자신의 복잡한 감정을 최대한 숨기려고 입을 다무는 것일 수도 있습니다. 할 말이 너무 많아서, 감정이 너무 복잡해서 어떤 표현도 하지 못하는 것이지요. 오래전 이혼하셨다고 했는데, 그동안 아이가 엄마를 그리며 했던 생각과 감정이 어디 한두 가지겠습니까. 원망과 죄의식, 그리움과 미움 등 온갖 상반되는 감정이 얽혀 아직 정리가 안 되는 상태일 겁니다.

그럴 나이입니다. 지금 따님은 사춘기와 청소년기를 지나 청년기에 들어섰습니다. 그때는 생각과 감정이 아주 다양해지고 복잡해지지요. 자신의 입장과 상대의 입장을 모두 고려할 수 있게 됐기 때문입니다. 하지만 그 상반된 생각들을 조화롭게 통합시키는 데는 시간이 더 걸릴 겁니다.

그 복잡한 감정이 정리될 때가 있습니다. 자기감정을 이해하고, 엄마도 이해하게 될 때 말이지요. 이를테면 이혼 여성의 어려움을 다른 사람에게서 듣는다든지, 결혼하거나 아이 엄마가 되어 새로운 시선으로 자신의 엄마를 바라볼 날이 올 겁니다. 어느 날 문득 엄마가 보고 싶다는 생각을 할지도 모르겠습니다. 어른이 되어 고독감을 경험하게 된다면 말이지요.

그때까지 기다려야 합니다. 마리 님도 엄마로서 준비하면서요. 이혼 가정의 아이들이 겪는 심리적인 어려움과 그 대처 방안을 다루는 책들이 시중에 꽤 많이 나와 있습니다. 그런 책을 꼭 읽어 보세요.

이혼 후 수 년간 따님과 관계가 단절됐던 만큼 당신이 엄마로서 미숙한 상태라는 사실을 알아차려야 합니다. 부모는 아이가 커 가는 과정을 지켜보면서 함께 성장합니다. 아이 때문에 웃고, 아이 때문에 속을 끓이면서 그 시기 아이에 대해, 그리고 한 인간에 대해 이해해 가는 것이지요. 무엇보다 아이의 변화에 맞춰 소통 방법을 지속해서 발달시켜야 했는데, 마리 님의 경우는 그 시기를 놓친 겁니다.

잃어버린 시간을 만회하기 위해서는 딸에 대해 아무것도 할 수 없는 무력감을 견디는 시간이 필요합니다. 무력하기 때문에 부모로서 자괴감마저 느낄 것입니다. 무력감과 자괴감을 충분히 느끼면서 조금만 더 버텨 보세요. 아이가 당신을 향해 돌아설 때까지요.

미안한 마음에 아이의 요구를 다 들어주는 것도 문제지만 잔소리를 하게 되면 아이와 소통할 가능성은 빠르게 사라집니다. 걱정과 관심을 보인다고 하셨는데, 걱정은 잔소리처럼 들릴 겁니다. 그보다는 그냥 허용적인 태도로, 이해하기 위해 지켜봐 주세요.

어쩌면 딸과의 관계에서 당신이 가장 먼저 해야 할 일은, 부모로서 뼈아픈 사과의 편지를 보내는 일인지도 모르겠습니다. 오랜 시간 아이를 만나지 못한 데는 나름의 사연이 있었겠지만, 어찌 됐든 아이가 겪는 부모 단절의 고통은 온전히 부모의 책임이니까요.

그리고 이렇게 말씀해 주세요. '네가 정말 힘들 때, 고민이 있을 때 엄마에게 와라. 언제고 기다릴게. 너를 만날 생각을 하며 그 오랜 시간을 기다렸는데 앞으로는 못 기다리겠니'라고요. 아이가 응답하기를 기대하지 마시고, 아이의 무반응에 지치지 마시고 가끔 안부 인사를 전해 주세요. 한 번 시작하면 아주 꾸준히 해야 합니다. 앞으로는 절대 떠나지 않을 것이라는 확신이 아이에게 무엇보다 필요합니다.

지금은 따님에게 그런 시간이 필요합니다. 말로 표현할 수 없는 그 복잡한 심경을, 공격 대상을 잃어버린 분노를 해소할 시간을 딸에게 허용해 주세요. 그리고 마리 님은 지근거리에 서서, 말없이 그리고 흔들림 없는 태도로 딸아이의 그 시간을 지켜보고 기다려 주세요.

지루한 일상을 견딘 후
찾아오는 것들

◇
◇
◇
◇

40대 워킹맘입니다. 저는 왜 이렇게 현실에 만족하지 못하고 방황하는 걸까요? 아이 낳고 키울 때는 사회에서 뒤처지는 것 같아 어렵사리 취업했고, 취업한 후에는 또 아이들이 걱정되고 보고 싶고 너무 빨리 커 버리는 것 같아 직장을 그만둬야 하나 고민합니다.

사실 제가 지금 하는 일 자체가 워낙 어려운 전문 분야이기도 하고, 지금 직장으로 이직하면서 기존 경력과 완전히 다른 일에 도전해 보려고 시작한 일이어서 배우며 따라가기도 벅찬데, 회사에서는 다 알아서 하라는 식입니다. 솔직히 지금 제 업무는 제가 꼭 해보고 싶어서 도전한 분야는 아닙니다. 이전 회사 팀장의 전문 분야였는데 어쩌나 저를 견제하고 정보를 차단하던지 화가 나서 그만두고 이직한 터라, 지금 돌이켜보면 제가 원해서 온 게 아니라 그 사람의 꿈을 좇아오다가 방향감각을 잃은 것 같은 느낌입니다.

지금까지 입사와 퇴사를 계속 반복하면서, 아이를 돌봐 주신 시어머니도 이번 직장이 마지막이라고 하셨습니다. 부끄러운 이야기지만 어느 회사에 들어가도 만족스럽지 않았고 재미도 없었고 금세 그만두고, 그래 왔습니다. 머릿속에 늘 '이렇게 살아야 한다'만 있었지 '어떻게 뭘 하며 살아야' 하는지 고민을 깊게 해 보지 못했네요. 어떻게 하면 제가 원하는 만족스럽고 자유로운 삶의 방향으

●●

직업에 대한 의미나 확신을 찾지 못하셨군요. 그럴 수 있습니다. 직업 환경이 급변해서, 일에서 느끼는 소외감과 박탈감 등이 극에 달한 상태니까요. '가슴 뛰는 일을 하라'는 멋진 말을 따라 살고 싶지만 가슴 뛰게 만드는 직업은 점점 더 사라지고 있고, 사실 가슴 뛰는 것 같은 거추장스럽고도 비효율적인 증상은 이미 학창 시절에 없애 버렸습니다.

세상을 탐지하는 감성과 직관의 안테나를 잘라 버렸기 때문에 우리에게 길을 알려 주는 지표는 오로지 타인의 성공, 대중매체가 보여 주는 성공 이미지가 전부입니다. 그러니 당신이 직업의 세계에서 길을 잃었다 해도 당신 탓만은 아닙니다.

다만 당신 내면의 문제를 해결해야 합니다. 이를테면 직장에 마음 붙이기 어렵게 만드는 심리적 요인은 무엇일까요? 입사와 퇴사를 반복한다 하셨는데, 어떤 기준으로 직장을 선택하며 퇴사의 이유는 무엇이라고 생각합니까? 당신이 생각하는 입사와 퇴사의 이유가 무엇이었는지 목록으로 정리해 보면 어떤 반복적인 패턴을 발견할 수도 있습니다.

지난 직장에서는 팀장과의 심리적 경쟁과 견제가 문제였던 것 같습니다. 혹시 직장에서 부러움이나 경쟁심 또는 질투 같은 감정을 자주 느끼시나요? 불건강한 감정이라고 부끄러워하지 마세요. 인간은 누구나 예외 없이 부정적인 감정을 느끼고, 모든 감정에는 순기능과 역기능이 있으며, 무엇보다 부끄러워한다고 해서 그 감정에서 벗어날 수 있는 게 아니기 때문입니다. 아무튼 당신의 입사와 퇴사에 어떤 패턴이 보이는지, 왜 그러는지 찾아볼 필요가 있습니다.

저 역시 이런저런 직장을 수없이 옮겨 다녔습니다. 그런데 개인의 이직을 꼭 한 가지 이유만으로 설명할 수는 없는 것 같습니다. 앞서 언급했듯이 직장 문화의 불합리나 경제적 문제도 있을 것이고, 그 외에 관계에서의 심리적 역동, 전문가가 되는 길에 대한 불안, 자기 재능에 대한 불신, 지루하고 반복적인 과정에 대한 혐오, 버림받거나 불행한 결말을 맺는 것에 대한 두려움 등이 복합적으로 작용합니다. 타당한 이유도 있지만 잘못된 신념에서 기인한 이유도 꽤 있지요. 그러니 직장에 대한 당신의 생각을 차분히 정리해 보면 좋겠습니다.

말씀하신 것처럼 '이렇게 살아야 한다'는 이상화된 원칙이 당신의 현실을 더욱 불만족스럽게 만드는 건지도 모릅니다. 당신은 멋진 삶, 만족스러운 삶에 대한 어떤 상을 가지고 있는 것 같습니다. 그 이상화가 어떻게 만들어졌는지 생각해 보세요. 우리에겐 나 자신, 그리고 내 현실의 불만족스러움을 이상화한 꿈으로 보상하려는 심리가 있습니다. 그래서 자존감이나 자신감이 떨어질 때 더 몽환적인 꿈을 꿉니다.

그런데 이상이 아무리 높더라도 현실은 누추하게 시작되는 것 같습니다. 이상 속에선 모든 성공이 순식간에 이루어지고, 의도하고 뜻한 대로 성공적인 결과가 산출됩니다. 그러나 현실에선 지루함이나 번거로움, 재미없음을 견뎌야 하고, 수많은 변수가 내 뜻과 노력을 배신하지요. 이처럼 꿈꾸기와 꿈을 실현하기는 전혀 다른 전개 방식을 가지고 있습니다.

젊은 시절엔 큰 꿈을 권하기도 하지만 중년 이후엔 현실에 더 비중을 두어야 합니다. 살아온 현실을 기준으로 꿈과 이상의 조정이 필요하지요. 이정란 님, 어떻게 살아야 한다는 원칙을 잠시 내려놓고 현실이 전개되는 방식을 경험하세요. 지루함, 무능감, 무력감 등의 통로를 통과해 보세요. 재미없음의 시간을 견뎌 보세요.

삶 속으로 들어가 현실에 깊게 뿌리내리기 위해서는, 굳건하게 발을 딛기 위해서는 이런저런 생각(이상, 판단 등)과 두려움을 내려놓고 그 상황에 푹 젖어 드는 게 필요합니다. 그러면 그 지루하고 의미 없는 것들 가운데서 섬세한 결을 발견하게 됩니다. 재미는 그때부터인 것 같습니다. 나만의 안목으로 그 일의 매력을 찾아내고, 나만의 방식으로 그 일을 처리할 수 있다는 걸 알게 되면서요. 그러면 그다음 단계를 꿈꾸고 욕심내게 됩니다. 그럴 때 비로소 가슴이 뛸 수도 있습니다.

다른 사람의 꿈을 좇다가 방향감각을 잃어도 괜찮습니다. 자기 줏대가 없는 사람을 보고 친구 따라 강남 간다고 말하기도 하는데,

친구 따라간 강남에서 운명적인 일을 만난 경우도 현실에는 얼마든지 있습니다. 그러니 복잡한 생각일랑 접어 두시고 지금 일에 한동안 매진해 보세요. 불안과 회의를 견뎌 보세요. 그 일에 숙달될 때까지요. 중년의 이상은 그렇게 현실과 만나야 하는 게 아닐까 싶습니다. 아니 현실에서 싹튼 이상이라고 하는 게 더 맞을지도 모르겠습니다.

피하거나 외면하면
언젠가는 부딪힌다

40대 초반 여성입니다. 이혼한 지 3년이 되었고요. 12세 딸 하나가 있는데 제가 경제적으로 형편이 안 돼서 남편과 아이의 친할머니가 키우고 있습니다. 이혼하고 처음엔 아이 때문에 너무 힘들었습니다. 아이가 보고 싶기도 했고 '엄마와 떨어진 상황을 힘들어하면 어쩌나, 버림받았다고 생각하면 어쩌나' 하는 생각 때문에요. 불면증과 우울증에 시달렸습니다.

아이는 담담하게 잘 견디는 것 같습니다. 가끔 만나고 전화 통화도 하는데 생각보다 씩씩합니다. 어떠냐고 물으면 아무렇지도 않게 괜찮다고 말합니다. 어떻게 사는지 자세한 얘기는 안 합니다.

사실은 이런 제게 새로운 남자가 생겼습니다. 전 남편과 달리 성실하고 진실해서 결혼하고 싶은 사람입니다. 그 사람도 저와 결혼하고 싶어 하고 무엇보다 저를 많이 사랑해 줍니다. 그와 결혼해서 지난 시간과는 다르게 잘 살아 보고 싶습니다. 사랑도 충분히 받고 행복이라는 것도 느끼고 싶어요. 그런데 아이가 자꾸 마음에 걸려서 결정을 못하고 있습니다. 엄마가 재혼한다고 하면 너무 상처받을 것 같아서요. 아이를 생각하면 결혼하지 말고 평생 혼자 살까 하는 생각도 있습니다. 매일매일 괴롭습니다. 결정을 미루면서 시간만 끌고 있어서요. 저 어떻게 해야 할까요? - 봄소풍

●●

　아이를 위해 계속 혼자 살 것인가, 아니면 엄마 자신의 행복을 위해 새로운 연인과 재혼할 것인가 사이에서 고민이 깊은가 봅니다. 사실 쉽게 결정할 수 없는 문제입니다. 미래를 위해 무엇이 더 옳을 지 장담할 수 없기도 하고, 이혼 가정의 아이 문제도, 재혼도 인생에서 매우 신중하게 다뤄야 할 문제니까요.

　특히 아이는 당신이 우려하는 대로 쓰라린 버림받음을 경험하게 될 겁니다. 부모가 이혼한다고 했을 때 이미 버림받음을 경험했을 거고, 엄마의 재혼 소식에 또 그렇겠지요. 그토록 미워서 이혼한 어른들도 전 배우자의 재혼 소식을 들으면 무척 충격을 받습니다. 그런데 아이라면 자기 엄마가 재혼한다는 사실 앞에서 담담할 리 없습니다. 이제 '엄마가 나와의 끈을 영영 놓아 버리겠구나'라는 생각을 할 테니까요.

　그럼에도 저는 당신이 고통스러운 결혼생활에서 벗어나는 것을 지지하고, 새로 만난 좋은 파트너를 놓치지 않았으면 합니다. 나를 많이 사랑해 주는 사람과 부부가 되는 그 행복을 과감히 선택했으면 좋겠습니다.

　그런데 봄소풍 님이 알아야 할 게 있습니다. 모든 선택과 행위에는, 심지어 그것이 선한 것일지라도 긍정적인 측면과 부정적인 측면의 두 가지 결과가 따른다는 것을요. 그로 인해 치러야 하는 대가도 있습니다. 예를 들어 당신이 아이를 위해 재혼을 포기한다면 죄책감은 줄어들 것입니다. 이것이 긍정적인 결과입니다. 그러나 자신의 행복을 포기한 만큼 아이를 통해 자신의 행복을 보상받고 싶어질 것입니다. 아이가 자라는 과정에서 엄마를 실망시키면 '내가 누구 때문에 이렇게 살고 있는데⋯' 하는 마음이 치밀어 오를지 모릅니다. 이것이 부정적인 결과입니다. 실제로 모든 희생된 욕구는 반드시 분노로 변질되며, 분노는 서서히 우리를 잠식시키거나 분출될 기회를 호시탐탐 노립니다. 나이 들어 경험하는, 이유를 알 수 없는 노여움이 그런 예입니다. 살아가면서 알게 모르게 나의 욕구를 희생시켰기 때문입니다. 그러니 재혼을 포기하는 만큼 다른 방식으로 자신의 행복을 잘 가꾸었으면 좋겠습니다.

반대로 행복하기 위해 재혼을 선택한다면 아이에 대한 마음의 부담을 짊어져야 합니다. 앞서 말씀드린 아이의 고통을 덜어 주기 위해, 그리고 엄마의 변치 않는 사랑을 느낄 수 있게 더욱 노력해야 합니다. 재혼에 대해 아이에게 미리 알리고, 아이가 그 충격을 소화할 때까지 기다려 주면 좋겠습니다. 이 밖에도 수많은 변수가 당신을 기다리겠지요.

그러니까 아이냐, 재혼이냐 하는 양자택일로 고민할 게 아니라, 어떤 선택을 하든 결과의 부정적인 측면을 어떻게 감내하고 책임질 것이냐를 고민해야 합니다. 그것이 선택의 결과에 대해 책임지는 태도입니다.

기꺼이 책임지는 사람이야말로 진정한 어른입니다. 즉 진정한 어른은 아이를 위해 자신의 행복을 포기하는 사람이 아니라 선택의 결과로 남겨진 문제를 기꺼이 받아들이고 해결하려고 노력하는 사람입니다. 물론 쉽지 않은 일이어서 저 역시 결정을 앞에 두고는 매번 두렵습니다. 하지만 피하거나 외면하면 더 강력해진 대가가 인생의 어느 길목에서 우리 앞을 가로막게 됩니다.

사람들은 책임지기 싫어서 최선의 선택이 무엇인지 끝도 없이 고민합니다. 부정적인 결과가 없는 탁월한 선택을 찾는 것이지요. 다시 말씀드리지만 대가 없는 선택이나 결정은 없습니다. 당신은 마음 편하게 사는 삶을 원하는 것 같은데, 어떤 선택을 하든 마음이 마냥 편할 수는 없을 겁니다. 그러니 당신이 원하는 일을 선택한 뒤 그에 따른 대가를 감당하고 삶이 주는 교훈을 받아들이겠다고 각오하세요.

다행인 것은 대가가 큰 결정일수록 배우는 게 많습니다. 다음엔 좀 더 지혜롭게 살 수 있도록 말이지요. 그러니 너무 오래 고민하지 마시고, 새로운 삶이 펼쳐질 수 있도록 과감하게 결정을 내리시기 바랍니다.

이혼을 막기 위해
이혼을 준비하라

결혼 8년 차 주부입니다. 남편과는 6월 초부터 다투기 시작했고 남편은 제가 의심을 한다며 6월 중순에 집을 나가 따로 방을 얻어 살고 있습니다. 처음에는 제 잘못으로 일이 이 지경에 왔다 생각해서 빌기도 했는데, 시간이 지날수록 외도의 정황들이 드러나고 있어요. 벌써 한 달 반째 가출 중이면서 남편은 제가 싫다며 이혼을 요구합니다. 문제는 저예요. 남편의 외도를 확인하고 싶지 않아요. 저는 이혼하고 싶지 않고 가정을 지키고 싶습니다. 하루 종일 외도란 검색어만 치고 있는 저…. 남편은 저와 전혀 대화를 하려 하지 않고요. 평소 사이가 좋은 편이었기에 하루아침에 당한 이 현실에 막막하기만 해요. 기다림만이 답은 아닌 걸까요? - 닥터와이

●●

남편의 외도를 확인하고 싶지 않다고 말씀하시는 걸 보니 닥터와이 님은 남편이 바람을 피웠다는 사실을 인정하거나 직면하기 싫은가 봅니다.

충분히 그럴 수 있습니다. 그런 감정은, 배우자의 외도를 인정하게 될 경우 감당해야 할 여러 가지 심리적 충격으로부터 자신을 보호하기 위한 것일 수 있습니다. 배신감, 분노, 질투, 수치심, 버림

받았다는 느낌 등이 그것입니다.

이혼은 더더욱 피하고 싶은 문제였을 겁니다. 결혼 제도 안에서 보호받고 있다고 느끼던 여성이 남편의 외도로 원치 않는 이혼을 하게 될 때, 그 불안감은 표현할 수 없을 정도가 됩니다. 이혼녀로 손가락질 받게 될지 모른다는 생각이나 이혼 뒤의 경제적 자립이 두려움의 가장 큰 원인일 것이고, 그 밖에 육아와 교육, 가정사를 혼자 책임져야 한다는 것도 큰 문제가 됩니다. 그러니 문제를 외면하고 싶은 당신의 마음 충분히 이해가 됩니다.

하지만 닥터와이 님, 결국은 받아들이셔야 할 겁니다. 외도나 이혼은 더 이상 외면할 수 있는 문제가 아니니까요. 외도는 말할 것도 없거니와 이혼율 역시 높아질 대로 높아져서 한국이 아시아 1위로 부부 열 쌍 중 한 쌍, 심지어 어떤 통계에서는 다섯 쌍 중 한두 쌍이 이혼하는 것으로 집계되고 있습니다. 이제 우리는 누구나 이혼을 요구할 수 있고 또 이혼당할 수 있습니다.

'우리 부부는 달라, 우리 부부에게 이혼이란 절대 일어날 수 없어' 하고 자신했다가 갑작스런 배우자의 배신을 경험하는 경우는 또 얼마나 많은지 모르겠습니다. 제법 안락한 가정을 꾸렸다 싶어 회심의 미소를 짓고 있을 무렵 배우자의 외도가, 이혼 요구가 갑자기 당신의 뒤통수를 칠지도 모릅니다. 닥터와이 님도 그런 경우일 겁니다. 평소 사이가 좋은 편이었는데 하루아침에 그런 일을 당했다고 말씀하시는 걸 보니 말입니다.

이제 우리는 결혼하면서 백년해로를 약속할 것이 아니라 이혼을 각오해야 하는지도 모르겠습니다. 부부간의 믿음을 강조할 게 아니라 배신의 가능성을 염두에 두어야 할지도 모르고요. 결혼한 뒤 일정 기간이 지나면 부부의 의무에서 벗어나 자기만의 삶을 사는 '졸혼' 같은 것이 사람들의 열렬한 호응을 받고 있으니, 검은 머리가 파뿌리가 되도록 함께 사는 것이 더 이상 부럽거나 칭찬받을 미덕이 아니게 되었습니다.

닥터와이 님, 변화한 세상을 받아들이고 자신을 변화시키세요. 이제 세상은 부부관계보다 개인의 선택이나 독립성을 더 강조합니다. 사실 부부 중에서 어느 한쪽이 결혼생활을 더 이상 원하지 않게 되면 그의 뜻을 받아들일 수밖에 없습니다. 억지로 부부관계를 유지해 봤자 미움과 원망, 무관심과 수치심 같은 감정이 서로를 괴롭히며 관계를 왜곡시킬 것이기 때문입니다. 상대가 이혼을 요구하는데도 경제적인 이유로 이혼하지 못하는 경우 느끼게 되는 모멸감은 또 얼마나 큰지요.

그러니 용기를 내시고 이혼에 대해 본격적으로 고민을 시작하세요. 불가항력의 이혼을 준비하기 위해서도 그렇지만 이혼을 막기 위해서도 그것을 제대로 알 필요가 있습니다. 그래야 부부간 갈등, 외도, 결별의 조짐을 빨리 알아차리고 문제를 예방할 수 있답니다. 남편의 외도를 확인하고 싶지 않다거나 이혼은 원하지 않고 가정을 지키고 싶다는 닥터와이 님의 말씀이 저에게는 이혼에 대해 무방비 상태라는 말로 들리네요.

이혼을 공부하세요. 무엇보다 경제적으로나 심리적으로 자립할 수 있는 방법에 대해 고민하셔야 합니다. 그리고 왜 외도가 발생하는지, 배우자의 외도에 대해 어떤 가치관과 태도를 가질 것인지, 상대가 이혼을 요구할 때는 어떻게 대응할 것인지, 상대의 마음을 돌리는 방법에는 무엇이 있는지, 이혼 과정에서 주장해야 하는 법적 권리는 무엇이 있는지, 만약 아이들이 있다면 이혼이 아이들에게 어떤 영향을 미치는지에 대해서도 고민하셔야 합니다. 이혼 요청을 받아들이지 않고 결혼생활을 유지한다면 어떻게 살아가야 할지에 대해서도요.

남편은 당분간 그냥 내버려 두세요. 아마도 그는 방귀를 뀌고서는 당황한 나머지 성을 내고 있는 것 같습니다. 아니면 이혼의 탓을 아내에게 돌려 위자료를 줄이려고 하는 생각인지도 모르겠습니다. 이에 대해 법률가에게 자문하시고, 주위 친구들의 조언을 들으시고, 이혼과 관련해서 전문기관의 상담도 받아야 합니다.

행복하게 사는 것만 생각해도 부족한데, 이혼을 공부하라니 그렇게까지 해야 하나 싶겠지만, 무엇보다 부부가 행복하게 살기 위해서 이혼을 이해하고 준비해야 합니다. 잘 살기 위해서 죽음을 공부하고 준비하는 것처럼 말이지요.

그렇게 이혼의 가능성을 하나의 패로 가지세요. 배우자가 내 손을 놓는 순간 내가 자유롭게 날아갈 수도 있다는 사실이 오히려 부부관계를 단단하게 만들어 줄 수 있습니다. 상대가 나 없이도 잘 살 수 있다고 생각하게 될 때, 결혼생활이 타성에 빠져들지 않게 됩니다. 그리고 무엇보다 이혼을 염두에 둘 때 부부는 진정한 '따로 또 같이'의 삶을 살아갈 수 있게 됩니다.

글쓰기

살면서 괴로운 일을 만났을 때 4일만 연속해서 아무 형식이나 의도 없이 자신의 고민을 주제로 15분 이상 글쓰기를 해 보세요. 그것만으로 감정적 고통이 어느 정도 해소되는 걸 느낄 수 있습니다.

책읽기

외상의 치유 인생의 향유
: 트라우마의 수용전념치료

빅토리아 폴레트, 재클린 피스토렐로 지음 / 유성진 외 옮김 / 학지사

트라우마와 그 치유에 관한 수용전념치료 안내서입니다.

수용전념치료는 삶의 고통을 떨쳐 내거나 해결해야 하는 문젯거리로 보지 않고 더불어 살아가야 하는 친구로 봐야 한다고 말합니다. 삶의 고통에 저항할수록 고통이 더욱 커지기 때문입니다. 이 책은 고통을 제대로 인식하고 수용하는 길에 대해 이야기합니다. 삶을 기꺼이 체험하기를 권하는 것이지요. 그러면서 말합니다. 고통과 고통을 체험하는 것이 당신을 죽이거나 파괴하는 것은 아니라고 말이지요.

무엇보다 이 책은 글쓰기 워크북이기도 합니다. 글을 읽은 뒤 안내하는 대로 따라 쓰기 좋은 책입니다.

5장

틀에서
벗어나기

" 이제 삶 속으로 용감하게 뛰어드십시오.
자신의 빛과 그림자, 자신의 가능성과 한계를 모두
이해하십시오. 그동안 얼마나 좁고 깊은 우물 속에
간혀 있었는지 깨닫게 될 겁니다. "

피해자
정체성

현경 씨는 직장생활을 하는 35세 여성입니다. 그녀는 상담실에 앉아서 지난주 내내 자신을 괴롭힌 사람들의 이야기를 하며 쓰디쓴 눈물을 흘립니다. 상담시간 한 시간이 부족할 정도로, 아니 몇 주, 몇 달이 흘러도 직장 동료와 상사에 대한 원망이 똑같이 반복됩니다. 그 괴롭힘 때문에 '죽고 싶다. 내가 우울하고 화나고 괴팍해진 것은 모두 그런 상처 때문이다'라고 말합니다. 이른바 '피해자 정체성'을 갖게 된 겁니다.

지연 씨는 이런저런 직업을 전전하다 심리적 우울감 때문에 모든 일을 접고 어머니와 생활하는 30대 후반 여성입니다. 그녀는 어머니에 대한 원망이 깊습니다. 어머니가 딸이 사는 방식을 비난하고 폭력적으로 자신을 괴롭힌다고 생각하기 때문입니다. 이렇다 할 일을 찾지 못해 자신도 괴로운데 어머니의 도를 넘는 모욕과 비난으로 자존감이 낮아질 대로 낮아진 것입니다. 지연 씨는, 어머니가 자신을 비난하는 이유가 자신이 아무 일도 하지 않기 때문이라고 생각하며 괴로워합니다.

모녀갈등이 심해지자 그들은 사흘이 멀다 하고 격렬한 싸움을 하게 됐는데, 그런데 어머니 입장은 또 달랐습니다. 그녀는 딸이 실직 상태인 것보다 더 참기 힘든 건, 사소한 집안일조차 돕지 않는 딸의 태도라고 말했습니다. 딸이 자신에게 좀 더 살가워져서 대화도 나누면서 서로 의지하고 살았으면 좋겠는데, 늘 자기 방에 틀어박혀 있는 것도 속상하다고 털어놓았습니다. 지연 씨의 생각과 다르게 그녀의 어머니는 그녀가 직업이 없어서가 아니라 엄마인 자신을 배려하지 않아서 원망했던 것입니다.

피해자 정체성을 가진 사람은 자신을 사람들의 공격으로 늘 상처받는 존재라고 생각합니다. 『따귀 맞은 영혼』의 저자 배르벨 바르데츠키는 심리게임으로서의 피해자-가해자 게임에 대해 이야기합니다. 상처를 주고받는 사람들 사이에서는 피해자-가해자 게임이 진행됩니다. 그들은 서로, 상대가 자신을 공격하는 가해자이며, 자신은 그 공격에 상처 입은 피해자라고 주장합니다. 하지만 문제를 해결하기 위해 진심을 터놓고 이야기하려고 하지는 않습니다. 그들의 목적은 상대와 소통하는 게 아니라 상대를 완전히 지배하고 통제하는 것이기 때문입니다.

피해자 정체성을 가진 사람들은 자신의 고통에 대해 거의 심미안적 감수성을 가지고 있습니다. 늘 자신의 고통에 생각이 가 있고, 고통을 표현하는 정도도 점점 더 강렬해집니다. '불편했다'가 '화난다'가 되고 분노가 살의로 변합니다. 그들의 상담시간은 몽땅 자신의 고통을 반복해서 얘기하는 데 할애됩니다. 상대 입장에서 생각해 보라는 나의 조언은 번번이 외면당합니다. 마치 상대를 이해하게 될까 봐두려워하는 것처럼 말입니다.

그런 사람들에게 물어봅니다.

"도대체 상대는 왜 당신을 그렇게 괴롭히는 거 같아요?"

그러면 그들은 난데없는 질문이라는 듯, 혹은 당황스러워하며 대답합니다.

"그건… 나는 모르죠."

그렇게 오래 관계를 유지했음에도, 그토록 가까운 관계임에도 그들은 상대가 왜 그러는지 잘 모릅니다. 그가 왜 그렇게 자신의 말을 듣지 않고, 왜 그토록 제멋대로이며, 왜 화내고 있는지 말입니다.

반대로 자신과 갈등관계에 있는 상대에 대해서만 관심을 쏟는 이들도 있습니다. 그들은 자신이 그토록 미워하는 상대에 대해 책 한 권 분량의 정보를 가지고 있지만 정작 자신에 대해서는 아는 게 없습니다. 당신을 그토록 힘들게 하는 상대를 생각하면 어떤 감정을 느끼게 되냐고 물으면 그들은 당황스러워하다가 겨우 한마디로 대답합니다.

"맞죠."

짐작하건대 자기 인생의 주인공은 자기가 아니라 미운 상대일 것입니다. 드라마에서 주인공은 시청자의 관심을 가장 많이 받는 사람이고, 가장 많은 시간 출연하는 사람 아닌가요?

상황에 대한 잘못된 해석을 내리는 8가지 사고패턴

'우물 안 개구리'는 원래 『장자』의 「추수」편에 나오는 이야기로, 세상을 잘 모르고 식견이 좁은 사람을 의미합니다. 하지만 저는 개구리의 우물을 심리적인 틀에 비유합니다. 인간은 대부분 자기만의 우물에서 살고 있지만, 심리적인 장애로 장기간 고생하고 있거나 인간관계에서 심각한 갈등을 경험하는 사람들은 자기만의 우물이 유난히 좁고 높습니다. 자기만의 생활방식, 사고패턴, 가치관, 세상을 보는 방식 등이 너무 뚜렷하고 확신이 강해서 다른 사람들의 생각과 자주 부딪칩니다.

인지치료이론은 우리가 어떻게 잘못된 생각의 틀을 가지고 있는지 여러 가지 유형으로 분류해 설명합니다. 그중에 가장 잘 알려진 것이 인지적 오류 또는 인지 왜곡입니다. 인지 왜곡은 어떤 상황에 대해 잘못된 해석을 내리는 습관적인 사고패턴으로 다음과 같은 것들이 있습니다.

- 전부 아니면 전무의 사고 - 완벽하게 성공하지 못한다면 실패한 것이다.
- 과잉일반화 - 내가 시험에 떨어지다니, 앞으로 어떤 시험을 치르든 나는 실패할 거야.
- 정신적 여과 또는 선택적 추상화 - 내 수업을 들으며 조는 학생이 있는 걸 보니 나는 강의를 잘 못하는 것 같아.
- 개인화 - 저 사람들이 웃고 있네. 내 욕을 하고 있었나 봐.
- 재앙화 - 내가 화를 내면 통제할 수 없이 폭발해 버릴 거고, 그러면 끔찍한 일이 일어나고 말 거야.
- 감정적 추론 - 저 사람은 나를 형편없는 사람이라고 생각하며 미워하는 게 틀림없어.
- 단정적 이름붙이기의 오류 - 결혼은 미친 짓이다. 나는 인간쓰레기다.
- 지나친 자기비하 - 나는 이 세상에서 가장 형편없는 엄마야.

'인생의 덫'이라고 하는 흥미로운 개념도 있습니다. 이것은 인지치료학자이면서 치료사인 제프리 영이 제시한 것으로, 성격으로 굳어진 왜곡된 사고방식이나 정서반응, 행동패턴 등을 의미합니다. 인생의 덫은 다음과 같이 11가지 유형으로 분류되며 관련된 서술문장은 그 유형의 핵심적인 생각이나 느낌을 의미합니다.

- 버림받음의 덫 - 제발 나를 떠나지 마세요.
- 불신과 학대의 덫 - 당신을 믿을 수 없어.
- 정서적 박탈감의 덫 - 나는 결코 사랑받을 수 없을 거야.
- 사회적 소외의 덫 - 나는 적합하지가 않아.
- 의존의 덫 - 나 혼자서는 해낼 수 없어.
- 취약성의 덫 - 언제 재난이 닥칠지 몰라.
- 결함의 덫 - 나는 쓸모없는 사람이야.
- 실패의 덫 - 난 실패자인 것 같아.
- 종속의 덫 - 당신이 원하는 대로 할게요.
- 가혹한 기준의 덫 - 아직 많이 부족해.
- 특권의식의 덫 - 내가 원하는 건 뭐든지 다 가질 수 있어.

인지 왜곡과 인생의 덫 중에서 당신을 끌어당기는 강렬한 유형이 있나요? 그렇다면 당신은 왜곡된 인지의 우물에 갇혀 있는 겁니다. 물론 이런 사고의 틀에서 완전히 자유로운 사람은 없습니다. 우리는 종종 그런 비합리적인 생각을 하고 있는 나를 발견하면서 쓴웃음을 짓곤 합니다. 그러나 그 틀이 너무 강고해서 잘못을 인정하려고 하지 않거나 너무 많은 생각의 틀을 가지고 있다면 자신에 대해 숙고할 필요가 있습니다.

두려움의 우물에 빠진 사람들도 있습니다. 그들은 상대가 호의적이지 않을 땐 얼어붙어서 아무것도 듣지 않습니다. 배우자의 불만을 평생 들으면서도 그가 진짜 자신에게 하고 싶은 말이 무엇인지 이해하지 못하는 사람들이 있습니다. 사실은 알고 싶지 않아서 멍해진 겁니다. 사랑하는 사람이 자신에게 문제제기하는 것 자체가 이미 그에게는 공포이기 때문입니다. 얼어붙는 것은 자신을 비난으로부터 보호하기 위한 본능적 반응이며, 일시적으로는 효과가 있습니다. 상대의 비난이 어떤 것인지 파악하고 보다 장기적인 대처방법을 생각해낼 때까지 말입니다. 그러나 평생 그런 식으로 자기를 보호한다면 오히려 상대의 공격성을 강화시킬 뿐입니다. 상대는 자신이 무시당한다고 생각할 것이기 때문이지요.

이제까지 저는 당신 자신에 더 집중해서 자신을 더 많이 이해하라고 이야기했습니다. 그러나 아무리 나를 성찰하고 이해해도 상대의 태도가 달라지지 않는다면, 그때는 당신의 입장과 생각을 과감히 잊고 상대의 입장에서 세상을 이해해 보라고 권합니다. 삶의 기본은 언제나 자기사랑과 자기이해지만 때로는 완전히 남의 입장에 서 보는 게 필요합니다. 그러면 내가 선 위치에서는 절대 볼 수 없었던 관계의 사각지대가 드러납니다. 뿐만 아니라 상대는 알지만 나는 몰랐던 나의 모습도 발견하게 됩니다.

누군가 자신을 불편하게 여길 때, 이러저러한 인간관계에서 문제가 반복될 때 잠시 호흡을 가다듬고 '지금 저 사람이 나에게 뭐라고 하는 거지?' 하면서 그의 이야기에 집중해 보세요. 상대의 입장이 충분히 이해될 때까지 묻고 또 물으세요. 말은 끝까지 들어 봐야 아는 법이니 섣부르게 판단하면서 이야기를 듣다 중간에 뛰쳐나가지 마세요. 그에게 직접 물어보기 어렵다면 자신에게 우호적인 사람이나 지혜로운 사람을 찾아 자문을 구하십시오. 사람들이 왜 당신을 불편해하는지 말입니다. 장담하건대 당신이 개선해야 할 부분은 사소할 것이고, 당신이 상상하는 치명적인 문제는 당신에게 없다는 사실을 알게 될 것입니다.

이런 사람도 있습니다. 자신이 상대보다 옳다고 확신하면서 상대를 무조건 자기 식대로 강제하려는 사람 말입니다. 그는 상대가 자신의 말을 듣지 않으면 분통을 터뜨립니다. 이 모든 책임이 상대에게 있다고 여기면서 자신을 돌아보려고 하지 않습니다. 대부분은 부모자식관계에서 이런 일이 일어나는데, 부모는 자신이 아이보다 더 많이 경험하고 더 많이 알고 있다고 자신하면서 아이를 자기 식대로 판단하고 다그칩니다.

누군가를 자기 식대로 강제하는 건 대화일지라도 폭력입니다. 강제성은 물리력과 함께 모든 폭력의 기본 요소입니다. 그 어떤 누구에게도 폭력을 가할 수 없는 것처럼 그 누구의 인생도, 그것이 자식일지라도 강제할 수 없습니다. 당신이 나이가 많다거나 경험이 많다고 해도 강제할 수 없습니다. 당신도 그 나이엔 실수하거나 잘못했을 것이며, 실수를 통해 성장하는 건 의무이면서 권리이기 때문입니다.

생각의 벽
허물기

당신이 아무리 다그치고 괴롭혀도 상대가 변하지 않을 뿐 아니라 관계가 파괴되고 함께 피폐해진다면 상대가 아니라 당신이 잘못하고 있는 것일 수 있습니다. 가장 먼저는 상대를 설득하는 데 실패한 것이고, 상대가 어떤 사람인지 충분히 이해하지 못하고 성급하게 자기 방식을 강요하는 실수를 저질렀을 수 있습니다. 그럴 땐 잠시 자신을 잊고 상대의 입장이 돼서 그를 충분히 이해해 봐야 합니다.

예를 들어, 당신이 그런 것처럼 그에게도 타고난 성격유형이라는 게 있습니다. 그건 누구도 바꿀 수 없습니다. 당신의 성격과 그의 성격이 다르고 어법이 다르면 의사소통이 잘 되지 않습니다.

당신은 이성적이고 객관적으로 지적하는 일이 익숙한데, 상대는 그런 식의 의사소통을 비난이나 공격으로 받아들일 수 있습니다. 하나하나 구체적으로 알려 주는 게 친절이라고 생각하는 사람이 있는가 하면, 그 정보를 받아들여 내면에서 체계화하는 데 어려움을 느끼는 사람도 있습니다. 그러니까 당신을 미워하거나 무시하는 게 아니라 당신의 요구를 이해하지 못하는 것이라는 사실을 명심해야 합니다. 상대에게 자신의 생각을 주입하려는 열의를 조금 덜어 내 상대가 어떤 사람인지 이해하려는 데 쓰면 관계가 비약적으로 호전되는 걸 경험할 수 있습니다.

또 어떤 사람들은 자신의 단단한 마음의 틀에 스스로 갇혀 고통받습니다. 사랑하는 사람과의 관계에서 상대의 요구를 고려하지 않고 자기 식대로 최선을 다하는 겁니다. '내가 헌신적으로 노력한다면 그가 나를 좋아하고 인정해 주겠지. 내가 꾹 참고 견딘다면 언젠간 좋아지겠지' 하면서 우직하게 자신의 방식을 밀고 나갑니다. 아이러니하게도, 자신을 희생한다고 생각하면서 상대의 이야기나 요구는 듣지 않습니다. 상대는 외칩니다.

"내가 당신에게 원하는 것은 그게 아니야. 제발 내가 원하는 게 뭔지 들어 달라고!"

자신의 어떤 부분을 희생시킬 때 그만큼의 분노가 내면에서 자랍니다. 어쩌면 그 분노 때문에 상대가 하는 말을 듣고 싶지 않은지도 모릅니다. 한 내담자가 이렇게 말한 적이 있습니다.

"남편은 내게 이래라 저래라 명령하고 화를 내요. 나는 웬만한 건 다 들어주죠. 문제를 키우고 싶지 않으니까요. 그래서일까요. 정작 중요한 문제에서는 그가 원하는 걸 해 주지 않아요. 못하는 척하면서요. 그럴 때 나를 보면 심술부리는 것 같아요."

많은 사람들이 자기 우물에 갇혀 있습니다. 자기만의 생각으로 벽을 높게 쌓아올린 뒤 그 안에 자신을 스스로 가두어 놓습니다. 상대 때문에 괴롭다고 말하지만 사실 상대는 영향력을 행사하기 어려운 경우가 많습니다. 우물이 너무 깊기 때문이지요. 그 벽 때문에 상대를 제대로 보는 일도 어렵습니다. 알고 보면 상대 때문에 괴로운 게 아니라 자신이 만든 그 좁고 높은 울타리 때문에 고통받는 것입니다. 그러면서도 그 벽을 허물려고 하지 않습니다. 자기 생각의 벽이 무너지면 자신이 무너지는 거라고, 아무것도 아닌 존재가 되어 버리는 거라고 느끼기 때문입니다.

익숙하지만 고통스러운 그 우물에서 이제 나와야 합니다. 과거엔 그 우물이 당신을 보호했겠지만 지금은 당신에게 너무 작아졌습니다. 당신이 느끼는 이런저런 고통이 신호입니다. 당신의 우물이 너무 작아서 이제 우물에서 벗어날 때가 되었다는 신호 말입니다. 그만큼 당신이 성장했다는 소리도 됩니다. 그러니 두려움을 다독이며 그곳에서 벗어나십시오. 우물에서 나와, 우물을 잠시 잊고 세상을 바라보세요. 우물에서 올려다본 하늘과는 전혀 다른 하늘, 전혀 다른 풍경이 당신을 자유롭게 만들어 줄 것입니다.

이 장에서는 자신이 고수한 가치관이나 삶의 방식으로 힘들어하는 분들의 사연을 소개합니다.

당신도
가정이 될 수 있다

결혼 4년 차인 30대 초반 여자입니다. 신랑의 퇴사로 날마다 분노로 가득 찬 시간을 보내고 있습니다. 워낙 어려서부터 책임감 강하고 경제력 있는 아빠를 보며 자랐고, 남자란 그리고 아빠란 한 달에 돈 백이라도 꾸준히 가져오는 게 당연하다고 생각하며 살았습니다. 한 직장에 30년 근속은 당연하고요. 그게 아빠가 가져야 할 기본적인 모습이라고 생각했습니다.

갑작스럽게 엄마가 돌아가시고 그 타이밍에 나를 찾아와 위로해 준 지금 남편과 예상치 못한 결혼을 했죠. 엄마의 부재를 느끼는 게 힘들어 결혼으로 도피 아닌 도피를 했어요. 그러다 보니 이 사람의 책임감이나 경제력보다는 나를 한결같이 사랑해 주고 아껴 주는 모습에 더 많은 점수를 주고 선택했던 거 같아요. 그런 나의 선택이 지금은 그저 후회스럽습니다. 돈으로 쌀 사지 사랑으로 쌀 사는 게 아닌데, 그땐 슬픈 감정이 앞서 바보 같은 선택을 한 것 같아요.

신랑의 직장은 중소기업 정도 되는 회사고요. 워낙 술을 못해서 회식 자린 아예 가질 않아서인지 점점 사람들과 거리가 생기더니 급기야 퇴사자 명단에 올랐고, 회사는 대놓고 인신공격을 하며 내보내려 하더라고요. 결국 아무 결정된 것 없이 퇴사하게 되었고 백수 생활한 지 이제 3일째입니다.

신랑에 대한 미움이 너무 커서 말도 섞기가 싫습니다. 아이가 없으니 이렇게 무책임한 사람이라면 일찌감치 이혼하는 게 나을 거 같다는 극단적인 생각까지 합니다. 밤마다 영화 보느라 아침 늦게까지 자는 모습을 보고 있자면 하나부터 열까지 무능해 보입니다. 속이 터지고 분노가 가슴속에 가득합니다. 저러는 당사자는 오죽할까, 얼마나 답답하고 막연할까, 나름 4년 반 일했으니 며칠은 휴가라고 생각하게 돼야지 하는 마음은 잠깐, 매달 나가는 대출이자에 카드값에 생활비를 떠올리면 도대체 저 인간은 무슨 생각을 하고 사는지, 이 상황을 알긴 하는지 다시 속이 뒤집힙니다. - 이현정

●●

한 가정에서 생계 부양자가 실직을 하게 된다면 가족원 누구라도 마음 편할 리 없습니다. 하지만 당신의 감정이 경제적 어려움에 대한 불안이나 걱정을 넘어서 남편에 대한 분노나 미움으로 변하고

있다면 자신의 마음을 살펴봐야 하겠네요.

당신의 내면에서는 지금 두 가지 마음이 싸우는 것 같습니다. 한편의 마음은 남편이 참 자상한 사람이고 실직이 남편 탓만은 아니라고 생각하며, 그에 대해 안쓰러움을 느낍니다. 그러나 다른 한편에는 아버지상이 꽤 강력하게 자리 잡고 있군요. 그 아버지가 말합니다. 남자란 모름지기 경제력이 있어야 하고, 가족 부양의 책임감이 강해야 한다고 말입니다. 아마 남편의 실직으로 위기감을 느끼자 당신 내면에서 아버지 목소리가 커진 것 같습니다.

우리 마음에는 부모상이 존재하며 그것이 평생 우리에게 영향을 미친다는 주장은 잘 알려져 있지요. 성장하면서 아버지와 어머니의 목소리를 내면화하기 때문에, 또는 선천적으로 갖고 있는 부모상이 있어서 현실의 부모가 존재하지 않아도 우리는 어느새 부모처럼 생각하고 말하게 됩니다.

그런데 내면의 부모상은 다소 보수적이고 고루한 목소리를 반복합니다. '공부를 잘해야 성공하지. 뿌린 대로 거두는 거야. 착하게 굴어야 칭찬받을 거야' 하는 식으로 말입니다. 이현정 님 역시 나이 많은 어른들이 함직한 이야기를 하시네요. '돈으로 쌀 사지 사랑으로 쌀 사는 게 아닌데, 슬픔 때문에 바보같이 무책임하고 경제력 없는 남자를 선택하다니' 하면서요.

이 생각에는 두 가지 믿음이 전제돼 있습니다. 결혼은 현실적인 선택이어야 한다는 것과 남자는 경제력과 책임감이 있어야 한다는 믿음이 그것입니다. 이런 믿음은 우리 내면의 속삭임이면서, 내면의 부모가 우리에게 거는 주문입니다. 우리는 충분히 경험하지도 않은 채 이런 생각들을 받아들이고 그 생각의 틀에서 자신과 세상을 판단합니다.

심리학자들은 그것을 왜곡된 믿음, 잘못된 신념이라고 말합니다. 만고불변의 진리처럼 여기는 믿음이 사실은 개인의 한정된 경험에 근거해 주관적으로 판단하고 선택한 생각에 지나지 않기 때문입니다. 이처럼 합리적이지 않은 믿음이나 신념이 많을수록, 그리고 과장됐을수록 좌절 경험은 많아지고, 그만큼 우울과 분노도 커집니다. 무엇보다 우리 앞에 닥친 문제에 재빨리 대처하기보다는 좌절감과 분노로 전전긍긍하면서 문제를 더욱 키우게 됩니다.

왜곡되고 낡은 믿음 중에는 성 역할에 대한 것도 있습니다. '남자는 모름지기', '여자가 감히' 등과 같은 생각이 그것입니다. 그런데 그런 강력한 성 역할에 갇힌 여성일수록 우울하다고 하네요. 여성 우울증 치료 전문가인 발레리 위펜은 『여자를 우울하게 하는 것들』에서 성 역할과 우울증이 뫼비우스의 띠처럼 서로 연결돼 있어서 성 역할에 대한 요구가 높을수록 우울증에 걸릴 확률이 높다고 주장합니다.

집안일의 특성이 여성을 지치고 우울하게 한다는 사실은 잘 알려져 있지만 여성들이 사회적인 일에서 도태될 때도 불안과 우울을 느낀다고 저는 생각합니다. 중요한 생존 능력을 잃는 것이니까요. 절박한 상황에서 자신의 생계를 책임질 수 없을 때, 그래서 경제적으로 누군가에게 늘 의지할 수밖에 없을 때 당연히 불안하고 두려울 것이며 자존감도 낮아질 겁니다.

　이현정 님, 이제 남편의 역할에 대한 신념을 내려놓으세요. 직업 환경이 예전과 많이 달라져서 남녀를 불문하고 그 누구든 한 직장에 평생을 바칠 수 있는 상황이 아닙니다. 직장 구하기가 하늘의 별 따기여서 부인이든 남편이든 가능한 사람이 일해야 합니다. 당신이 전업주부라면 이참에 취업을 고려해 보라고 권합니다. 취업 여성이라면 당분간 경제적 가장이 되는 것을 각오하면 어떨까요? 부부 간 성 역할을 너무 고집하지 않는다면, 상황에 따라 그와 나의 역할이 달라질 수 있다는 걸 받아들인다면 삶이 주는 고통의 무게를 훨씬 줄일 수 있으며, 경제적 자립으로 인한 자유로움도 선물 받을 수 있을 것입니다.

문제를 직시하면
질문이 달라진다

18년 차 주부입니다. 결혼은 저의 삶을 순식간에 바꾸어 버렸습니다. 결혼 일주일 전 남편은 알코올중독자인 아버지와 아버지의 폭력에 시달리던 어머니, 그리고 어머니를 지키느라 밤잠을 이루지 못했던 자신의 이야기를 고백했습니다. 아버지를 죽이고 싶다는 충격적인 말도 했습니다. 자살 충동과 심한 우울증으로 정신과 치료를 받았으나 이젠 다 나아서 더 이상 치료를 받지 않아도 된다고 했습니다. 그 얘기를 들으며 무섭기도 하고 연민도 느꼈지만 당시엔 별로 실감을 못해서 결혼을 감행했던 것 같습니다.

결혼 전 남편은 나를 보석처럼 여겼고 뛰어난 유머감각과 섬세한 배려심으로 나를 감동시켰습니다. 전 직장생활을 하면서 대학원에 진학한 상태였고, 부모님과 사는 삶이 편안해서 결혼하고 싶지 않았지만 내게 부드럽게 접근하는 남편에게 호감을 느꼈습니다.

결혼과 동시에 남편은 변했습니다. 신혼 시절 임신을 해서 몸은 천근만근이었고, 직장 다니며 논문도 써야 했던 저에게 남편은 늘 불만을 말했습니다. 음식 못한다, 청소도 못한다, 결혼을 잘못했다며 집을 나가기도 했습니다. 그를 위해 각종 요리를 했지만 형편없는 음식이라고 먹지 않고 나가 버릴 때도 있었습니다. 여름에 내 몸에서 냄새가 난다며 코를 막고 날 더러운 벌레 보듯 했던 기억이 납니다. 출산 뒤 아이가 울면 집을 나가 버렸습니다. 결혼한 지 일 년쯤 되던 날, 그는 내가 싫어서 직장을 먼 곳으로 옮긴다며 아이와 나를 남겨 두고 떠나더니 한 달에 한두 번 집에 왔습니다.

나는 수시로 이혼하자는 말을 들어야 했습니다. 남편과 헤어지지 않은 이유가 남편이 나를 사랑하기 때문이라고 믿어서는 결코 아닙니다. 아이에게 좋은 가정을 주고 싶었습니다. 나만 잘하면 이 가정은 지킬 수 있을 거라고, 내 삶에서 물러설 수 없다고, 그리고 부모님께 아픔을 안기고 싶지 않았고 내가 잘못되면 동생들도 결혼하기 어려울 거라 생각했습니다. 그래서 버텼습니다. 남편 앞에서 무릎도 꿇고 잘못했다고 늘 빌었습니다.

외국에서 살 때도 남편은 내가 영어를 못한다고 핀잔을 주었고, 다른 주부들과 비교했습니다. 내가 무능력자인 데다 스스로를 바꾸려고 하지 않는다며 다른 부부에게 자신의 가족사며 내 흉을 시시콜콜 늘어놓기도 했습니다. 사람들이 자기 마음을 알아주지 않으면 울기도 했습니다.

현재 우리는 직장 관계로 주말부부를 하고 있고, 남편은 많이 변했지만 아직 저는 남편을 좋아하는 마음이 들지 않습니다. 남편이 왜 그런 행동을 했는지 궁금합니다. 저의 문제는 무엇이고 어떻게 대응해야 했으며 앞으로 어떻게 해 나가야 할까요? - 나무

● ●

고통의 시간을 꿋꿋이 견디고 감내하며 저력을 키워 온 사람들

을 저는 존경합니다. 그 사이 그들에겐 고통을 직면할 힘이 생겼기 때문입니다. 그래서 그들의 마음에 상처로 생긴 굳은살이 훈장처럼 보입니다. 나무 님이 바로 그런 분입니다. 문제와 제대로 직면해야겠다는 의지가 느껴집니다. 남편이 왜 그랬을까, 내 문제는 무엇이며, 어떻게 대응해야 하는가 등의 물음은 보통 문제를 직면하고자 하는 사람들이 하는 질문이지요.

우리는 어른이 되어서 결혼하는 게 아니고, 결혼해서 어른이 되는 것 같습니다. 나무 님 부부도 그랬을 겁니다. 몸은 어른이지만 정신적으로는 여전히 어린, 그래서 부모로부터 완전히 독립하지 못한 소녀와 소년이 만난 것이지요. 부모님의 지지와 사랑에 보답하려는 착한 소녀와 엄마를 지키느라 가정을 전쟁터로 기억하는 소년이 결혼했습니다.

특히 소년은 폭력적인 아버지로부터 엄마를 지키면서 격심한 분열을 겪게 됩니다. 하나는 엄마의 시선이고, 다른 하나는 아빠의 시선이지요. 엄마와 동일시했을 때 소년은 자신의 신세를 한탄하고 눈물을 흘립니다. 그러니 아빠의 시선으로 보면 엄마는 혐오스럽고 답답한 사람이었겠지요. 소년의 마음에는 무능력한 엄마에 대한 분노도 있었을 겁니다. 어린 아들을 보호하기는커녕 그 보호가 필요했으니 말이지요.

엄마에 대한 염려와 분노는 그대로 아내에게 향했습니다. 소년은 아내가 엄마처럼 노력하지도 문제를 직면하려고 하지도 않고 무능력하다고 길길이 뜁니다. 술 취한 아빠가 집에 들어올 때 아들이 느꼈던 심정으로 평생을 살았을지도 모릅니다. '엄마, 피해요. 아빠에게서 도망쳐요. 그렇게 무기력하게 굴지 말고, 혼자 나가서 씩씩하게 살아 보란 말이에요!'

소년이 이처럼 어둠 속에서 살았다면 소녀는 그 어둠이 두려웠고, 알고 싶지도 않았습니다. 그래서 남편이 하는 어둠의 말이 늘 아득하게 느껴졌고 알아들을 수 없었을 겁니다. 막연한 두려움 때문에 남편의 말을 따랐고, 이유도 모른 채 안개 속 같은 결혼생활을 버텼습니다.

사실 소년도 자기 자신을 몰랐을 겁니다. 자신이 왜 아내를 괴롭히는지 말이지요. 알았다면 그렇게 오래, 자기 아내를 비난하지는 않았을 겁니다. 자신이 상대에게 원하는 바가 무엇인지 모르는 사람들이 끝없이 상대를 비난합니다. 불편한데 그 불편함을 해소할 방법을 알지 못할 때 사람들은 상대에게 그 책임을 떠넘깁니다. 자신의 문제가 자기 안에 있다는 걸, 자신의 마음속 전쟁터 때문이라는 걸 모르는 것이지요.

그러니까 그 소녀와 소년은 각자의 우물에서 벗어나지 못한 채 부부로 살았던 것입니다. 상대는 어떤 사람이길래 저렇게 행동하는 걸까, 그와 나는 어떤 관계의 역동을 만들어 내는 걸까를 고민하기보다는, 왜 저토록 내 말을 듣지 않을까 안타까워하면서요. 자신의 우물을 통해 상대를 바라보니 상대가 낯설고 괴상해 보였던 겁니다.

이제 나무 님은 자신의 우물을 벗어나려고 하시네요. 그럴 때가 되었습니다. 치열한 결혼생활을 하면서 마음의 힘이 길러졌고 그래서 이제는 색안경 없이 세상을 볼 힘이 생겼기 때문입니다.

나무 님, 우선 남편의 말을 편견 없이 들어 보세요. 하지만 그가 당신을 비난하거든 말을 중단시키세요. '나를 비난하지 말고 당신이 원하는 게 뭔지, 내게 정말 하고 싶은 말이 뭔지 말해 봐요' 하면서요. 그의 말을 충분히 듣고, 당신이 놓쳤던 게 있는지 생각해 보세요. 남편이 불편해하는 게 뭔지도 들어 보세요. 그가 불편해하는 것이 반드시 당신 잘못은 아니니 자기비난 없이 그의 이야기를 들어야 합니다.

그리고 당신도 이야기하세요. 당신을 비참하게 만들고, 외롭고 두려움에 떨게 만들었던 그 많은 시간을. 그에 대해 길고 진심이 담긴 사과를 받으세요. 그리고 그를 더 지켜보세요. 그가 진짜 변한 건지 아닌지.

그다음 전적으로 당신의 판단으로 미래를 결정하세요. 그가 요구한 것을 당신이 받아들일 수 있는지, 그와 기꺼운 마음으로 행복하게 살 수 있는지 말입니다. 오롯이 당신의 행복과 존엄을 위해 결정하세요. 이제 남편의 불행한 과거도, 당신의 부모님도, 자식도 그 결정의 주요 요인이 되어서는 안 됩니다.

상대가 듣고 싶은
사과를 하라

저에겐 고1 아들과 고3 딸이 있는데 딸아이 얘기를 하려고 합니다.
저희 부부는 아이들이 어렸을 때 많은 갈등을 겪었습니다. 딸이 초
1 때 주말부부를 했고, 남편은 아주 가부장적이고 아이들에게 관
심이 없는 사람이었습니다. 폭력적인 사람은 아니나 아이들을 무
섭게 대했습니다. 하지만 최근 몇 년 동안 많이 변해서 아이들과도
친해지기 시작했고 저와의 갈등도 거의 해소됐습니다.

제가 직장생활로 늦게 퇴근해서 아이 둘이 자주 싸웠습니다. 딸이
아들한테 매번 폭력을 행사했고 저는 그런 딸에게 폭력은 나쁘다
고 강조했죠. 딸은 제가 사사건건 딸과 아들을 차별하고, 아들이
말을 안 듣는데도 매를 들지 않고 그냥 말로만 한다면서 불만을 제
기했습니다. 그러던 어느 날 딸과 남편이 부딪쳐 남편이 딸에게 폭
력을 행사했고 집을 나가라고 했습니다. 집을 나간 딸은 4일 정도
친구 집에 머물다 돌아왔습니다.

그 이후로 딸과 아들의 갈등은 더 깊어졌고 덩치가 커진 아들이 방
어를 시작해 싸움이 더 심각해졌습니다. 저는 이러다간 둘 다 망치
겠다 싶어 딸에게 방을 얻어 주었습니다. 딸이 몇 년 전부터 혼자
나가 살고 싶다는 말을 자주 했거든요. 저는 아이가 먹을 음식을
주말마다 갖다 주고 청소도 해 줬는데 딸은 제가 드나드는 걸 싫어

했습니다.

그러다 남편이 외국에서 8개월 정도 일하다가 선물도 전해 줄 겸 딸을 보러 갔죠. 나오는데 딸이 인사도 않고 문을 닫아 버리자, 순간 화가 난 남편이 애한테 또 폭력을 행사했습니다. 제가 남편을 말리고 있는데 딸은 파출소에 가정 폭력이라고 신고를 하더군요. 아이에게 굳이 이렇게까지 해야 하냐고 말한 것 같은데, 딸은 제가 자기를 부끄러워한다고 말했다고 하고, 엄마가 안아 주지는 못할 망정 자기한테 그런다며 아예 가족들과 단절한 채 살아가고 있습니다.

상담하면서 딸은 아빠 같은 사람과 사는 엄마가 이해도 안 되고 바보 같은 사람이라고 했다네요. 하지만 남편은 단순해서 잘 구슬리면 그지없이 편한 사람이에요. 친구도 없이 가족과도 단절한 채 혼자 살아가는 딸이 안타깝고, 어렸을 때 우리 부부의 갈등으로 원만한 가정에서 못 자라게 한 데 대한 미안함이 있기에 몇 번이나 사과하고 엄마도 잘 몰라서 그랬다고 했지만 딸은 여전히 혼자의 삶을 살아갑니다. 나쁜 친구들과 사귄다든지 하지는 않고 자기 생활은 야무지게 하고 있으나, 혼자만 잘났다는 생각에 빠져 사는 것이 정말 안됐고, 어찌해야 될지 모르겠네요. 김연희

●●

인간관계에서 화해나 평화, 용서 같은 결과를 우선시하는 사람이 있는가 하면, 절차의 합당함과 옳고 그름을 공정하고 명백하게 밝

히는 과정을 중요하게 생각하는 사람도 있습니다. 쉽게 말하면 이렇습니다. 어찌어찌 해서 관계가 좋아졌다면 과거의 불편한 일 따위는 문제 삼지 않는 사람이 있고, 반대로 시시비비를 가리고 따져서 진지한 사과와 평가가 있어야 마음을 푸는 사람도 있다는 것이지요.

추측건대 김연희 님은 전자에, 당신의 딸은 후자에 해당하는 분 같네요. 더구나 10대 후반의 청소년이라면 논리적인 사고가 발달하고, 원칙적으로 무엇이 더 옳은가를 생각하는 시기입니다. 또 이상주의적으로 생각하는 경향이 있어서 주변의 실망스러운 모습에 대해 굉장히 비판적일 수 있습니다.

동생과의 불화도, 딸의 입장에서는 이유가 있었을 겁니다. 어쩌면 누나로서 아빠에게 비난받지 않도록 동생을 단속해야 한다고 생각했을지 모릅니다. 그런데 엄마는 과하게 흥분하는 딸만 탓한 거지요. 딸의 관점에선 아빠는 물론이거니와 엄마의 태도도 이해되지 않을 겁니다. 오랫동안 지속된 부모의 불화와 부재로 딸의 가슴속에서는 여전히 전쟁이 지속되고 있을지 모릅니다. 사실 부모의 싸움은 아이들에게 천둥번개나 해일 등의 천재지변처럼 공포스러운 것입니다.

그런데 엄마는 어느새 아빠를 이해했고, 심지어 꽤 괜찮은 사람이라고 말합니다. 과거 따님이 엄마 편이었다면 배신감도 느꼈을 거예요. 딸아이는 아직도 아빠와 불화하고 있으며 아빠를 용서하지 못했는데, 용서하지 못한 사람을 품고 있는 것만으로도 힘에 부치는데 가족은 자신을 이상한 애로 손가락질합니다. 결과적으로 가족 내

따돌림의 대상이 된 겁니다.

우리 문화는 화해나 용서를 성숙한 태도로, 시시비비를 가리고 따지는 행동은 경직되고 미숙한 태도로 흔히 평가합니다. 김연희 님 역시 딸의 행동을 '혼자만 잘났다'고 하는 철없는 짓쯤으로 여기시나 봅니다. 하지만 그렇게 생각해선 아이의 분노를 절대 풀어 줄 수 없습니다.

딸의 행동이 나보다 미숙하고 철없다고 생각지 마시고 나와 다르다고 생각해 보세요. 다르다는 건 나만 옳고 상대는 잘못됐다는 생각의 틀에서 벗어나는 것입니다. 그래서 다르다는 건 상대를 함부로 추측하거나 평가할 수 없으며, 직접 물어봐야 이해할 수 있는 것을 의미합니다. 딸에게 미안해하는 것도, 사과조차도 엄마의 방식으로 하지 마시고 어떻게 해 주기를 원하는지 아이에게 직접 물어보세요.

그 아이의 독특한 생각 회로에서 나온 자기만의 의견이 있을 겁니다. 책임 추궁을 당하는 느낌이라 힘드시겠지만, 아이의 이야기를 찬찬히 들어 보세요. 이해될 때까지 묻고 또 물으세요. 그러면 아이 관점에신 그럴 수도 있겠다 하는 대목을 발견할 겁니다. 무엇보다 아이의 분노가 부모에 대한 미움이 아니라 사랑에서 나왔다는 사실을 확인하게 될 겁니다.

사실 딸 문제를 해결할 결정적인 사람은 남편인 것 같습니다. 남편이 한 가정의 아버지로서 지난 세월 가족에게, 특히 딸에게 가했던 고통에 대해 이해하고, 진지하게 사과해야 합니다. 추측건대 당신

226

의 딸은 아빠의 성격을 닮았을 겁니다. 아이의 그런 경직된 마음은 아빠의 분명한 사과와 엄마의 수용적 태도가 가장 빠르게 녹여 줄 것입니다.

화가 난 진짜 이유를
찾아내라

45세 남성입니다. 결혼한 지 10년 됐는데 결혼하고 날마다 화만
늘어납니다. 아내가 정말 제 의견을 존중해 주지 않습니다. 예를
들어 저는 집이 어질러진 꼴을 보기 싫어하지만 아내는 정리정돈
을 잘 안 합니다. 힘들게 일하고 퇴근했는데 집이 지저분한 걸 보
면 화가 나서 소리를 지르게 됩니다. 그뿐만이 아닙니다. 집안 살
림이나 아이들 교육하는 걸 봐도 답답해서 미칠 지경입니다. 제가
물건 정리하는 방법이나 가계부 쓰는 법을 여러 번 알려 줬는데 지
키지 않습니다. 아이들을 더 엄격하게 키워야 한다고 말해도 심각
하게 듣지 않습니다. 아무리 화를 내도 잘 고쳐지지가 않으니 나를
무시한다는 생각마저 듭니다. 그래서 요즘은 아내 생각만 하면 속
에서 불이 납니다.

그런데 아내는 저의 이런 심정을 잘 모르는지 태연한 것 같고, 반
응도 잘 하지 않습니다. 요즘은 제가 화내고 소리 질러서 시키는
대로 하기 싫다고까지 당당하게 말합니다. 우리 부부는 정말 소통
을 못 하고 있는 것 같습니다. 아이들도 저를 피합니다. 저는 정말
억울합니다. 아내가 제 말을 들어주지 않아 화를 내는 건데, 솔직
히 이렇게 자꾸 화내는 저도 힘든데 아이들은 제 마음을 이해해 주
지 않고, 제 엄마 편인 것 같습니다. 제가 얼마나 화가 났는지 아무

리 얘기해도 아이들 반응이 썰렁합니다. 잘못을 지적하면 아무 대꾸를 안 합니다. 애들이 엄마와는 곧잘 이야기하는 것 같은데, 제가 나오면 다들 입을 다물고 방으로 들어가 버립니다. 도대체 제가 어떻게 해야 할까요? - 거문나무

● ●

소리치고 화내는 사람들은 무슨 이유를 대서라도 분노를 폭발시킵니다. 화내는 남편들은 아내가 자신의 화를 돋운다고 주장하지만, 여간해서는 그의 화를 피해 가기 어렵습니다. 예민한 그들은 뭘 봐도 화를 냅니다. 고치라고 요구한 것을 고쳐 놓으면 또 다른 요구 사항으로 상대를 몰아붙입니다.

그렇다고 해서 거문나무 님의 분노가 타당하지 않다는 것은 아닙니다. 모든 부정적인 감정은 주의 깊게 살펴야 하지요. 분노는 더 그렇습니다. 『분노로부터의 자유』를 쓴 레 카터는 '분노 뒤의 울음'을 이야기합니다. 분노는 존중을 원하는 울부짖음이라는 것이지요. 상처받은 마음은 '나를 존중해 줘, 나를 이해해 줘, 내가 힘들단 말이야' 하며 울부짖습니다. 그런데 그 울부짖음이 대부분은 다른 사람을 괴롭히는 방식으로 드러난다는 데 문제가 있습니다. 다른 사람, 특히 화를 내도 참아 줄 만한 사람을 상대로 분노를 표출해서 고통을 처리하고 치유받기를 원합니다. 그렇게 되면 애꿎은 사람이 피해자가 될 뿐 아니라 자신의 치유도 불가능해집니다.

그러니 거문나무 님, 화난 진짜 이유와 화낼 핑곗거리를 구분하세요. 당신은 이전에 어땠습니까? 아내를 만나기 전에는 화를 어떻게 표현했나요? 당신의 어린 시절은 어땠습니까? 화내는 부모는 없었나요? 아내에게 화내며 전달하는 메시지가 당신이 진정으로 말하고 싶었던 것인지도 확인해 봐야 합니다. 당신이 아내에게 진정으로 바라는 것은 무엇입니까? 당신의 명령에 따라 청결을 유지하고, 아이들을 엄격하게 대하는 것인가요? 아니면 스트레스가 너무 큰 당신을 이해해 주고 이야기를 들어주고 지지해 주기를 바랐던 건가요? 당신이 분노 뒤에서 어떤 울음을 울고 있는지 스스로 찾아야 합니다.

제가 정말 걱정하는 게 있는데, 소리 지르면서 화내는 방식을 고수한다면 당신은 결국 가족들에게 미움과 혐오의 대상이 될 것이라는 점입니다. 사실 당신이 아내보다 옳거나 더 유능해서 아내에게 요구하는 것이 타당할 수 있습니다. 하지만 언성을 높이며 상대를 공격한다면 상대는 얼어붙거나, 당신과 마찬가지로 분노를 느낍니다. 심지어 폭력으로 느낄 수도 있습니다. 그러면 아무리 옳은 이야기일지라도 상대는 당신의 말을 받아들이려고 하지 않을 겁니다.

자신의 힘을 과시해서 두려움의 대상으로 존경받으려고 하는 이들도 있습니다. 그러나 힘을 행사하는 사람을 존경하고 선망하는 시대는 지나가고 있습니다. 안타깝게도 대한민국의 많은 기혼 남성들은 가족에게 호통치고, 일방적으로 명령하면서 인정받고 사랑받기를 원합니다. 장담컨대 그들은 원하는 것을 결코 얻을 수 없을 겁니다. 대부분은 원망과 적의, 따돌림의 대상이 되어 소외된 채 살아가지요.

글을 읽어 보니 당신의 가족도 당신을 좋아하지 않는 것 같습니다. 이 상황이 길어진다면 아내와 아이들은 한편이 되어 당신을 따돌릴 것입니다. 그러나 희망은 있습니다. 당신의 경우 아직 젊고, 또 이렇게 고민을 털어놓을 만큼 마음이 열려 있기 때문입니다.

거문나무 님, 사랑받는 남편, 존경받는 아버지가 되려면 중단해야 할 두 가지가 있습니다. 먼저 당신이 상대보다 더 옳다는 생각에서 벗어나세요. 당신이 옳다고 주장하는 것을 멈추고 아내의 말을 들어 보세요. 그리고 가만히 그녀의 삶을 지켜보세요. 아이들을 키우는 아내의 편에서는 집안을 항상 깨끗하게 해 놓는다는 게 어려운 일일 수 있습니다. 정리정돈이 잘 안 되는 성격을 가진 사람일 수도 있습니다. 성격이 다르면 당신이 잘하는 일을 그녀는 못할 수도 있습니다. 그 사실을 알고 나면 무시당하는 것 같아 시작되는 괜한 감정싸움에 말려들지 않을 것입니다.

두 번째는 흥분해서 소리 지르는 행동을 중단해야 합니다. 자신의 고통에서 잠시 빠져나와 가족들을 바라보세요. 당신이 소리치고 화낼 때마다 그들이 얼마나 상처 입었는지, 아파하는지 살펴 주세요. 당신이 자신의 방식을 강요할 때마다 그들의 마음이 얼마나 차갑게 식어 가는지도 느껴 보세요. 그러면 화내고 소리 지르는 것이 얼마나 당신을 외톨이로 만드는지, 얼마나 무익한 방법이었는지 깨달을 겁니다. 그러니 당신이 원하는 바를 효과적으로 요구하는 방법을 찾아야 합니다.

가족의 처지와 상황을 충분히 이해하고 나면 어떻게 자신의 요구를 전달할지 알게 됩니다. 의사소통에서 무엇을 관철하고 무엇을 포기해야 하는지도 판단할 수 있고요. 화내고 소리치는 것 말고도 세상에는 참 많은 소통법이 있답니다. 평화적인 대화법에 대해 주위 사람들의 조언을 듣고, 전문적인 프로그램에 참여하는 것도 권합니다.

부모로부터의 독립에
성공하라

저는 26세 딸아이와 귀가 시간 때문에 의견 차이가 심합니다. 딸과 한 달에 서너 번씩 다툼이 있을 때도 있습니다. 딸은 배려심도 있고 다정합니다. 그런데 친구들만 만나러 나가면 시간 가는 줄 모르고 놉니다. 12시 전까지 들어오는 것으로 정했는데도 다음 날 새벽 4~5시에 들어오곤 합니다.

저는 11시가 넘으면 전화를 하고, 카톡도 보내고 합니다. 지킬 때도 물론 있지만 들어오겠다고 하면서도 아직 안 끝났다며 친구들과 있습니다. 또 술 취한 친구들은 꼭 데려다주고 오니 딸은 항상 늦습니다. 저는, 너도 위험한데 왜 그렇게까지 하고 늦게 들어오느냐고 화를 냅니다.

제가 더 화가 나는 것은 딸아이가 시간 맞춰 들어오라는 부모가 이상하다고 말하기 때문입니다. 딸은 친구들하고 이야기만 하는 것이고 나쁜 짓 안 하는데 자기를 못 믿는다고, 우리 또래는 다들 늦게 들어간다고 하며 늘 당당합니다. 첫 번째 약속한 친구와 만나다가 다른 친구들이 연락하면 또 만납니다. 그러다 보니 번번이 늦습니다. 잔소리처럼 저는 처음 약속한 친구만 만나고 집으로 들어오라고 합니다. 그것이 안 되어서 화가 납니다. - 원사랑

원사랑 님의 모녀 이야기를 들으니 제 나이 25세에 돌아가신 어머니가 생각나네요. 오랜 기간 홀로 자식들을 키우신 어머니는, 저희 남매가 아비 없이 자란 자식이라는 소리를 듣지 않게 하려고, 자식 교육에 무척 엄격했습니다. 특히 딸이었던 제게 유난히 그랬는데, 그래서 대학생이 되어서도 친구 집에서 잔다든지 친구들과 여행 가는 게 거의 불가능했고, 엄격한 귀가 시간도 지켜야 했습니다.

저는 어머니 말씀에 상당히 순종적인 딸이었지만 그래도 꿈 많은 나이였던지라 거역하는 일이 자꾸 생겨났습니다. 고등학생 때는 어머니 몰래 연극반에 가입해 활동했고, 대학생 때는 학생회 활동을 하느라 귀가 시간을 어기는 일이 종종 생겼습니다. 그러면 어머니는 소리치고 눈물로 호소하며 저를 통제하려고 하셨지요. 그때 어머니는 제게 천근만근의 족쇄였습니다. 아버지 없이 홀로 살면서 자식들만 바라보는 가여운 어머니를 거역하는 일도 그랬지만, 어머니의 울타리 안에 갇혀 사는 일도 저에게는 고문에 가까웠습니다.

그런 어머니가 암을 얻어 몸져눕게 되었습니다. 어머니의 병세가 나날이 죽음을 향해 가던 어느 날이었어요. 오래 병원 신세를 지고 있던 어머니가 침대에 누워 파란 가을 하늘을 물끄러미 쳐다보다가 문득 이런 말씀을 하셨습니다.

"미라야, 이제 너도 자유롭게 살아라. 네가 하고 싶은 건 뭐든지 다 해 보고, 마음껏 돌아다니면서 말이야."

오직 자식들을 위해 살면서 자신의 삶을 속박했던 과거가 다 부질없게 느껴지고 후회되셨던가 봅니다. 그렇게 어머니는 저의 해방을 허락해 주셨습니다.

모질디 모진 잔소리, 발작과 같은 분노, 혹독한 매질 등 어머니에 대한 많은 부정적인 기억이 있지만 제가 어머니의 사랑을 믿어 의심치 않는 것은 위와 같은 몇 가지 일화 덕분입니다. 저의 자유를 허락해 준 일, 궁지에 몰린 딸에게 해 준 뜻밖의 지지와 격려 같은 것들이요. 지금도 힘들고 어려운 일이 있을 때 그때 그 장면을 떠올리면 힘이 납니다. 어머니가 돌아가신 후 저는 어머니의 말씀대로 원하는 일을 하며 자유롭게 살았습니다. 부모 없는 삶이라 안온하지는 않았지만 행복했습니다.

원사랑 님, 왜 딸의 통금시간에 그토록 매달리는지 이유를 알고 싶습니다만 그 어떤 이유로도 26세의 성인을 붙잡아 둘 수는 없답니다. 원사랑 님이 틀렸고, 따님이 옳다고 말하는 게 결코 아닙니다. 따님이 옳지 않더라도, 부모의 이름으로도 더 이상 따님을 강제할 수는 없다는 말씀입니다. 강제할수록 어머니와의 관계만 나빠질 테니 절대 효과적인 방법이 아닙니다.

마음껏 삐뚤어지는 것, 한껏 틀려 보는 것, 그것이 어쩌면 젊음의 의무일 수 있습니다. 흔들리면서 틀리면서 삶의 지혜를 스스로 터득해야 하기 때문입니다. 요즘처럼 흉흉한 세상에 어쩜 그렇게 무책임한 말을 할 수 있느냐고 따지실지라도 마찬가지입니다.

신달자 시인이 『엄마와 딸』이라는 에세이집에서 이런 말을 했습니다.

"엄마는 딸의 인생에서도 엄마가 되고자 한다. 딸은 철부지라 모르니까, 어리석어서 속으니까, 착해서 모든 사람에게 이용만 당할 것 같으니까, 딸의 마음 한구석에서조차 엄마가 존재해야 한다고 생각하는 것이다."

딸이 어릴 때는 그런 어머니노릇이 필요하기도 할 겁니다. 그러나 딸이 성장하는 만큼 어머니노릇을 접어야 합니다.

인간이 평생 수행해야 하는 아주 중요한 심리적 과업이 있는데, 그게 바로 부모로부터의 독립입니다. 그 독립에 성공하지 못한 사람들은 평생 남의 인생을 사는 것 같은 느낌으로 살아갑니다. 그가 아무리 사회적으로 성공했어도 말이지요. 특히 딸이 어머니로부터 독립하는 건 죽음만큼 힘든 일이라고 하지요. 같은 여성이기 때문입니다. 그래서 삶의 어느 시기에 모녀는 격렬한 싸움을 시작합니다. 싸움이 지독해야 분리에 성공할 수 있기 때문에 야수처럼 으르렁대며 죽도록 원망하고 미워합니다. 이때가 바로 딸이 어머니로부터 벗어나야 할 시점입니다.

당신의 딸도 그 시기에 와 있는지 모릅니다. 어머니라는 우물에서 벗어나야 할 때 말이지요. 그래서 엄마의 말에 그토록 저항하는 것인지도 모릅니다. 당신이 딸의 손을 놓지 않으면 딸은 더욱 몸부림칠 거고, 그 과정에서 피차 돌이키기 어려운 상처를 입을 수도 있습

236

니다. 그러니 딸을 놓아주세요. 사실 그녀를 일찍 귀가시킬 가장 가능성이 큰 방법은, 당분간 그녀가 하고 싶은 대로 놔두는 것입니다. 저항할 상대가 없어지면 저항의 행위도 사라질 수 있기 때문입니다. 딸이 자신의 인생에서 주인이 되게 해 주세요.

그리고 원사랑 님도 어머니라는 정체성에서 벗어나 당신 자신의 삶을 살아야 합니다. 당신이 딸과 씨름하는 동안 당신의 내면이 당신을 내내 기다렸을 겁니다. 당신이라는 집을 오래 돌보지 않아 냉기 돌고 먼지 쌓이진 않았습니까? 이제 당신 자신의 집으로 돌아가 불을 켜고, 먼지를 털어 내고, 행복이라는 온기를 그곳에 채워야 할 때입니다. 자기사랑이란 상대를 놓아주고 자신에게 돌아오는 것입니다.

글쓰기

글을 쓰는데 언제나 똑같은 이야기를 반복하고 있다면 다른 관점에서 글을 써 보세요. 예를 들어 남편과 싸우고 난 뒤 쓰는 글이 언제나 비슷한 수준의 감정적 하소연을 하고 있다면 이번에는 남편의 입장에서(마치 당신이 남편이 된 듯) 그 싸움에 대해 글을 써 보는 것입니다. 그 장소에 같이 있던 목격자나 제삼자의 입장에서 쓰는 것도 좋습니다. 당신이 갈등의 상대가 되어 당신에게 보내는 편지를 쓰는 일은 물론 아주 불편할 것입니다. 그래서 갈등 직후보다는 조금 마음이 가라앉았을 때 해 보는 게 효과적입니다.

이런 방식으로 글을 쓰다 보면 내가 그 상황에서 어떻게 행동했는지 보다 객관적인 시선으로 보게 되지요. 또한 그가 단순히 나를 미워하거나 무시했던 게 아니며, 그도 자신의 고민과 고통을 가지고 있다는 사실을 알게 됩니다. 타인의 입장이 되어 글을 쓰며 그를 이해해 보세요.

책읽기

새로운 나를 여는 열쇠

제프리 영, 자넷 클로스코 지음/ 최영민 외 옮김 / 열음사

이 책은 앞서 소개한 인생의 덫 11가지를 소개하고 있으며, 그 덫에 사로잡힌 사람들이 보여 주는 성격 및 행동 특성 등을 자세하게 설명합니다. 당신은 어떤 덫에 붙들려 있나요? 이 책을 읽다 보면 자신과 비슷한 사례를 발견하고 깜짝 놀라게 됩니다.

자신의 사고, 감정, 행동패턴을 알아차린다는 것은 그 덫에서 벗어나기 시작했다는 것을 의미합니다. 그 덫에서 벗어나면 굉장히 시야가 넓어집니다. 마치 우물에서 벗어난 개구리처럼 말이지요. 당신의 덫을 발견해 보세요.

성숙해지는 만큼 행복해진다

신화나 민담에는 주인공에게 수수께끼를 풀게 하는 이야기가 종종 등장합니다. 그 수수께끼를 풀지 못하면 죽음을 각오해야 하지만 풀게 되면 무사히 관문을 통과하거나 보상을 받습니다. 이것은 전형적으로 인간의 발달이나 의식의 성장과 관련되어 있습니다.

살다 보면 종종 인생의 고난과 맞닥뜨리게 됩니다. 부모나 형제자매, 부부, 자식문제로 괴로워하는가 하면 가난이나 사회적 실패, 장애, 질병, 사별 등을 겪기도 합니다. 수많은 고통을 겪어 내면서 우리는 어떻게 그 고통에서 벗어날 수 있을지 찾게 됩니다. 우리가 겪는 그 모든 고난이 어찌 보면 가혹한 수수께끼입니다. 문제를 풀지 않으면 우리를 삼켜 버릴 테니까요.

우리는 대부분 고통의 원인이 밖에 있다고 생각하면서 상대를 변화시키려고 안간힘을 씁니다. 그러나 어느 순간 알게 됩니다. 상대를 바꾸는 일보다 나를 바꾸는 일이 더 쉽다는 사실을 말입니다. 상대에 대한 투사를 거두어들이고, 고통을 대하는 나의 태도를 바꾸는 것이 그것입니다. 그러려면 나 자신에 대해 많이 알아야겠지요.

삶의 풍파에 쓰러져 몸부림치던, 또는 심리적 장애로 오래 고통받던 이가 맑고 편안해진 얼굴로 저를 찾아오는 경우가 있습니다. 저는 이내 알아차립니다. 그가 수수께끼, 그러니까 심리적인 매듭을 마침내 풀고 삶의 비의를 알아차렸다는 사실을요. 아마 한동안 그는 지극한 행복감을 느낄 겁니다. 그러나 문제는 또 찾아오지요. 그를 시험하듯 더 막강한 무게로 말입니다. 그는 또다시 고민에 빠지겠지만 아마 과거와는 다른 마음일 겁니다. 그는 이렇게 생각할 겁니다. 그 문제가 나를 벼랑으로 밀어 버리기 위해서가 아니고 '나의 성장을 위해 찾아왔다'고 말이지요.

그는 불행을 극복하고 심리적 보상, 다시 말해 삶에 대한 통찰력이나 마음의 평화, 활력 등을 얻은 적이 있기 때문에 불행 앞에서 좌절하거나 포기하지 않습니다. 물론 성숙한 사람일지라도 불행은 괴로울 겁니다. 일시적으로 화와 불안, 스트레스를 경험할지도 모릅니다. 그러나 이 사실 하나만은 알고 있을 겁니다. 이 불행을 겪으면서 나는 더 많이 성장할 거고 보다 행복해질 것이라는 사실을 말이지요.

융은 40세 전후를 생의 중요한 전환기라고 보았습니다. 40세 이전이 자아를 강화시키는 기간이라면, 40세 이후로는 정신에너지를 내면으로 돌려 자신의 진정한 자아를 찾기 위해 무의식에 귀 기울여야 하는 시기라는 것입니다. 만약 중년기에 이르러서도 청년기처럼 세상과의 싸움에 몰두해 있다면, 그리고 청년기에 터득한 삶의 노하우를 버리지 못한다면 무의식은 여러 가지 고난을 경험하게 함으로써 내면으로 관심을 돌리게 강제합니다.

에릭슨의 심리사회적 발달 8단계는 우리에게 비교적 잘 알려져 있습니다. 신뢰감 대 불신감, 자율성 대 수치심, 주도성 대 죄책감, 근면성 대 열등감, 정체성 대 역할 혼동, 친밀감 대 자아도취 혹은 고립감, 생산성 대 침체감, 통합성 대 절망감이 그것입니다. 에릭슨은 인간의 발달을 위기 극복 과정으로 규정하는데, 여기서 위기란 개인적 욕구와 그 욕구를 충족하는 데 결정적인 영향을 미치는 사회적, 환경적 요인 사이의 갈등을 말합니다. 개인이 부정적 경험을 해서 욕구를 충족하지 못하면 발달과제를 달성하는 데 실패할 위기를 맞습니다.

또 에릭슨은 이전 단계의 발달과제를 달성하는 데 실패하면 다음 단계의 적응에도 어려움을 겪게 된다고 봅니다. 예를 들어 노년기는 지나간 삶을 되돌아보고 정리하며 죽음을 준비하는 시기입니다. 이때를 건강하게 보내려면 자신의 삶을 수용하고 만족해야 하는데, 젊은 시절 발달과업을 완수하지 못해서 성공적인 발달이 불가능해지면 노년기에 절망감을 극복할 수 없게 됩니다. 이제까지 잘못 살았으며, 죽음밖에 남은 것이 없다는 생각으로 치닫기 때문입니다.

따라서 우리는 생애 모든 단계의 발달을 완수해야 합니다. 매 단계의 발달을 완수한다는 것은 삶을 충실히 살아 내는 것을 의미합니다. 고민하고 도전하며 고통을 경험하고 거기서 배우는 것입니다. 뒤

처졌더라도 괜찮습니다. 차근차근 밟아 다음 단계로 나아가면 되니까요. 건너뛰었다면 삶은 친절하게도 생의 어느 길목에서, 건너뛴 내용을 다시 살게 해 줍니다. 과거 완전히 치유하지 못한 상처나 트라우마를 재경험할 기회를 만들어 주는 것이지요. 그 기회를 놓치지 않아야 합니다. 그러면 진화는 비약적으로 이루어집니다.

발달과정을 제대로 완수하지 못하고 미뤄 둔 대가로 불행해지는 경우를 많이 봅니다. 그들은 자식문제와 우울증, 가족의 해체를 이해할 수도 수용할 수도 없습니다. 당연히 그 문제에 대처하는 성숙한 방법도 알지 못합니다. 삶이 자기 마음대로 되지 않았다는 사실을 받아들일 수 없는 그들에게 남은 것은 당혹감과 분노입니다. 그들은 우왕좌왕하고 주눅 들어 있으며 가슴엔 한스러움이 가득합니다.

그들의 자녀를 상담실에서 자주 만납니다. 자식들은 성인이 되어서도 부모와의 화해를 기대합니다. 참으로 희한한 일은 아무리 나쁜 부모일지라도 자식은 부모를 포기하지 않는다는 겁니다. 지금이라도 성숙한 부모가 되어 사랑하는 부모자식으로 관계 맺을 수 있기를 간절히 기대합니다. 하지만 성숙하지 못한 부모는 자식이 원하는 게 뭔지, 왜 그토록 상처 입었는지 알지 못합니다. 안타깝지만 대부분은 부정적인 감정이 더 심해져 세상과 화해가 불가능합니다.

그래서 저는 사람들에게 내적 성숙을 수없이 강조합니다. 부모심리학을 주제로 강의할 때가 많은데 제 강의의 결론은 아이 교육에 몰두해 자신의 성장을 방기하지 말라는 당부입니다. 제발 아이들만 성장시키지 마세요. 그것은 무의미한 제로섬 게임입니다. 그 아이들이 성장해서 부모를 외면하고 비웃는다면 도대체 그들 사이에 진화가 있는 건지 묻고 싶습니다.

저주처럼 느껴질지 모르지만 미래의 행복은 그 어느 것으로도 보장할 수 없습니다. 모든 것이 불확실성으로 점철되어 있습니다. 열심히 일해서 사회적으로 성공하거나 부자가 되어도 문득 닥친 병과 죽음, 사고 등으로 모든 게 물거품이 되는 경우는 허다합니다. 자신의 모든 것을 희생해 자식을 길러도 그 아이가 또 어떤 미래를 맞을지는 아무도 모릅니다. 모든 것은 장담할 수 없습니다.

장담할 수 있는 것은 나의 성숙뿐입니다. 내적 성숙은 노력한 만큼 가능해지고, 성숙해질수록 행복해집니다. 나만 행복한 게 아니라 주위 사람들도 함께 행복해집니다. 뿐만 아니라 어떤 어려움이 닥쳐와도 그 고난을 수용하고 거기서 또 다른 성숙의 발판을 발견할 수 있습니다. 그럴 때 불행은 더 이상 불행이 아닙니다.

이제 자기 성숙의 길로 들어서세요. 삶의 모든 과정을 자기 성숙의 계기로 삼겠다고 결심하면서요. 그것이 바로 인간이 가야 할 길, 나의 운명이 이끄는 길입니다. 현실적 성공이나 물질적 부유함을 포기하라는 게 아닙니다. 행복과 성공과 경제적 풍요를 추구하십시오. 그리고 자신의 행복을 추구하기 위해 삶 속으로 용감하게 뛰어드세요. 삶 속에서 세상과 자신을 경험하고 제대로 이해하십시오. 자신의 빛과 그림자, 긍정적인 측면과 부정적인 측면, 자신의 가능성과 한계를 모두 이해하십시오. 자신을 더 잘 알기 위해 세상을 알아 가십시오. 그렇게 충분히 자신을 알고 나면 자신이 얼마나 좁고 깊은 우물 속에 갇혀 있었는지 깨닫게 됩니다.

그 모든 과정을 자기사랑으로, 자신에 대해 자비로운 마음으로 추구하십시오. 삶의 과정에서 어떤 모습을 하고 있어도, 방황하거나 나빠질지라도, 심지어 회피하고 도망치더라도 자신을 연민으로 대하십시오. 어제와 다른 내가 된다는 것은 혼란스러운 사건이고, 일종의 죽음체험이기 때문에 두려움을 동반합니다. 그러니 왜 바보같이 두려워하냐고 몰아붙이지 말고 자신을 기다려 줘야 합니다. 그러면 어느 순간 마음을 가다듬고 도약대에 서 있는 나를 보게 될 것입니다.

성숙해지겠다는 바람으로 비난 없이 자신을 사랑하면, 당신이라고 하는 유기체가 진화의 과정을 만들어 나갈 것입니다. 나도 모르게 힘을 주게 된다면 그렇게 하십시오. 하지만 인위적으로 힘을 줄 필요는 없습니다. 고난이 다가오면 아파해도 괜찮습니다. 참으려고 안간힘을 쓴다면 오히려 지체될 것이기 때문입니다. 그 모든 과정을 지나면서 결국 당신은 보게 될 것입니다. 당신 안에서 진화의 프로그램이 펼쳐지는 것을. 발달의 단계마다 아름다운 꽃이 피어나는 기적의 순간을.

나는 왜 나를 사랑하지 못하는 걸까

초판 1쇄 발행 2017년 12월 15일
초판 2쇄 발행 2018년 2월 12일

지은이 박미라
펴낸이 이수미
북디자인 정은경디자인
마케팅 김영란

출력 국제피알 **종이** 세종페이퍼 **인쇄** 두성피엔엘 **유통** 신영북스

펴낸곳 나무를 심는 사람들
출판신고 2013년 1월 7일 제2013-000004호
주소 서울시 마포구 양화로 156 엘지팰리스 1509호
전화 02-3141-2233 팩스 02-3141-2257
이메일 nasimsabooks@naver.com
블로그 blog.naver.com/nasimsabooks

ⓒ 박미라, 2017
ISBN 979-11-86361-57-3

이 도서의 국립중앙도서관 출판시도서목록(CIP)은
서지정보유통지원시스템 홈페이지(http://seoji.no.go.kr)와
국가자료공동목록시스템(http://www.nl.go.kr/cip.php)에서 이용하실 수 있습니다.
(CIP제어번호:CIP 2017031795)

책값은 뒤표지에 있습니다. 잘못된 책은 바꾸어 드립니다.